FLUX.

Comment la pensée logistique gouverne le monde

Mathieu Quet

est sociologue, directeur de recherche à l'Institut de recherche pour le développement (CEPED-IRD).
Il est notamment l'auteur de *Politiques du savoir* (2013) et de *Impostures pharmaceutiques. Médicaments illicites et luttes pour l'accès à la santé* (2018).

ZONES

Le label « Zones » est dirigé
par Grégoire Chamayou.

Si vous désirez être tenu régulièrement informé de nos parutions, il vous suffit de vous abonner gratuitement à notre lettre d'information bimensuelle par courriel, à partir de notre site **www.editions-zones.org**, où vous retrouverez l'ensemble de notre catalogue et la plupart de nos titres, intégralement consultables en ligne, et pas mal d'autres choses encore.

Composé par Facompo à Lisieux.
Dépôt légal : janvier 2022.

Zones est un label des Éditions La Découverte
34, rue des Bourdonnais
75001 Paris

ISBN 978-2-35522-177-4

Conception graphique : deValence.

Mathieu Quet

Flux.
Comment la pensée logistique gouverne le monde

Zones

REMERCIEMENTS

L'écriture de ce livre a bénéficié d'échanges parfois soutenus et d'innombrables conversations impromptues, improvisations fredonnées, emballements éthyliques, dessins de coins de table, idées saugrenues et autres freestyles conceptuels. Je remercie tout particulièrement Sara Aguiton, Marine Al Dahdah, Soraya Boudia et Mina Kleiche pour nos discussions sur les marchés mondiaux technoscientifiques, ainsi que Bérénice Bon, Henri Boullier, Maïda Chandèze-Avakian, Dominique Dourojeanni, Christine Ithurbide, Baptiste Kotras, Clément Marquet, François Quet, Benjamin Raimbault et Charles Vincent pour leurs conseils avisés à différentes étapes de la rédaction. La joyeuse équipe formée avec Javed Alam, Mariana Gameiro, Koichi Kameda, Ilyass Mahamat Nour, Cecilia Passanti, Jessica Pourraz, Thibaut Serviant et Aamod Utpal (plus récemment Yves-Marie Rault) m'a encouragé à mettre plusieurs idées à l'épreuve et m'a accompagné dans les dernières lignes ; les lapins ont assuré le reste : ça part ! Les recherches nécessaires à la rédaction ont été financées en partie par l'IFRIS, le GRIP et l'ANR (projet Anipharm). Je remercie enfin Grégoire Chamayou pour son soutien enthousiaste et généreux ainsi que pour sa lecture affûtée des différentes versions du texte.

INTRODUCTION

La misère, le désespoir et la violence de la guerre ne devraient jamais nous priver d'un bon conte de Noël.

Cet adage, tout droit sorti d'un roman de Charles Dickens, flotte au-dessus de l'histoire suivante. En décembre 1950, la guerre de Corée durait depuis plusieurs mois déjà. L'intervention de la République populaire de Chine aux côtés de la Corée du Nord s'était révélée dramatique pour les forces de l'Organisation des Nations unies, en situation de repli vers le sud du pays dans le plus grand désarroi. La population, entraînée dans le sillage des troupes, ne savait plus où fuir pour s'éloigner des combats. La panique était telle qu'il devenait urgent d'organiser l'évacuation des militaires comme des civils depuis des points stratégiques et par tous les moyens possibles – par la terre comme par la mer. C'est ainsi que l'opération *Christmas Cargo* fut mise en œuvre, sur ordre du général MacArthur. Celle-ci consistait à évacuer, depuis la ville côtière de Hungnam (située dans l'actuelle Corée du Nord), environ 100 000 militaires et autant de civils, en l'espace de quelques jours, sur des centaines de bateaux.

Leonard LaRue était alors le capitaine du SS *Meredith Victory*, un cargo de transport de marchandises en service depuis la Seconde Guerre mondiale. Son navire, malgré sa grande taille, était prévu pour transporter à son bord un nombre réduit de passagers – un équipage d'une cinquantaine de personnes ainsi qu'une douzaine de voyageurs. Le reste de l'espace était dédié au matériel. Lorsqu'il arriva, le 21 décembre, au port de Hungnam, il faisait partie des derniers convois avant l'attaque imminente de l'armée nord-coréenne, et des milliers de personnes attendaient encore d'embarquer. LaRue décida alors de décharger l'essentiel de la cargaison du bateau, lourd d'armes et de munitions, pour accueillir le plus possible de réfugiés. L'opération de déchargement prit plusieurs heures, et une fois seulement le matériel débarqué, les passagers commencèrent à prendre place. Plus les flots de passagers s'engouffraient dans le navire, moins il semblait réaliste que celui-ci les contienne tous. Pourtant, après de longues heures d'embarquement depuis le quai bondé et dans une atmosphère chargée d'angoisse, 14 000 personnes avaient pu monter à bord d'un navire conçu pour seulement quelques dizaines de membres d'équipage.

Le capitaine prit la mer sans aucune escorte, ce qui laissait redouter la possibilité d'une attaque une fois au large. Quelques heures après le départ du navire, le port fut détruit par les équipes de démolition de la marine américaine pour ne rien abandonner aux forces nord-coréennes et chinoises qui allaient conquérir le site. Mais celles-ci ne partirent pas à la poursuite des fuyards, pas plus qu'elles n'organisèrent d'assaut contre l'embarcation en pleine mer. Le 25 décembre donc, le bateau, chargé d'une foule innombrable, anxieuse mais calme et ordonnée, fit escale à Busan, au sud de la péninsule coréenne. Le 26, il accosta, quelques kilomètres plus au sud, sur l'île de Geoje. La foule put enfin se répandre sur la terre ferme de la Corée du Sud. Malgré les conditions extrêmement difficiles du voyage, aucun incident n'était à déplorer. Mieux, cinq naissances avaient été enregistrées pendant le trajet. L'opération a revêtu une telle ampleur qu'encore aujourd'hui le *SS Meredith Victory*, « navire des miracles », reste associé à la plus importante évacuation humaine de l'histoire par un seul et même moyen de transport.

Comme pour en parfaire l'enseignement, ce haut fait, largement célébré en Corée du Sud, se teinte d'une coloration religieuse, presque mystique. Après la guerre, LaRue entra dans les ordres comme moine bénédictin, pour se consacrer au travail et à la prière. Il devint « frère Marinus » – conservant avec fierté, et jusqu'à son décès en 2001, le souvenir de son exploit. En 2019, l'évêque du diocèse de Paterson fit débuter le procès en canonisation de frère Marinus, l'homme qui avait accompli le miracle de conduire, saines et sauves, 14 000 âmes au port de Geoje le jour de Noël 1950. Et, après tout, si la foi doit nous délivrer de l'angoisse de la mort, une histoire si réussie de sauvetage mérite sans doute rétribution dans l'au-delà.

Mais les histoires de Dickens, on le sait, se caractérisent par leur ironie bien trempée et, incidemment, au même moment, le nom de Geoje s'est trouvé associé à une autre anecdote navale, celle-là plus prosaïque. 2019, pour le transport maritime, est l'année d'un nouveau record : celui du lancement du porte-conteneurs le plus grand au monde. Fort de ses 400 mètres de long et 62 mètres de large, de sa capacité de 23 756 conteneurs, le *MSC Gülsün* est une manifestation éclatante du désir de gigantisme qui anime aujourd'hui l'industrie du transport. Il a été fabriqué dans l'un des hauts lieux de la construction navale contemporaine : l'île de Geoje – celle-là même qui, pas loin de soixante-dix ans auparavant, avait accueilli les 14 000 passagers du *SS Meredith Victory*. Il faut dire que la région de Busan, à quelques kilomètres de Geoje, abrite un site majeur de construction navale établi au début du XXe siècle par l'État colonial japonais. À partir des années 1970, grâce à des opérations de transfert technologique, mais aussi en raison du faible coût du travail de la population sud-coréenne (et des réfugiés nord-coréens arrivés pendant la guerre), la Corée du Sud est devenue un acteur majeur de la construction navale mondiale. Geoje, qui ne comptait que quelques habitants dans les années 1950, est aujourd'hui un territoire peuplé et industrieux dont la majorité de la population tire un revenu des chantiers. Ce statut envié présente aussi ses revers. Le travail y comporte de multiples risques, et les très nombreux travailleurs intérimaires du secteur sont souvent placés en première ligne. C'est ainsi que, en mai 2017, l'effondrement d'une grue sur les chantiers de Geoje a provoqué la mort de six personnes et en a blessé vingt-cinq autres – toutes intérimaires.

L'histoire ne dit pas combien, parmi les populations déplacées de la guerre de Corée, sont restées pour travailler dans les chantiers navals de la région de Busan. Mais, d'un pont à l'autre – de celui du *SS Meredith Victory* à celui du *MSC Gülsün* –, d'étonnants échos se font entendre. La plus colossale opération d'évacuation militaire d'un côté, le plus titanesque moyen de transport de marchandises de l'autre partagent au moins ceci : ils manifestent non seulement la nécessité, occasionnelle ou non, de déplacer les personnes et les biens d'un endroit à l'autre, mais ils témoignent aussi du besoin, ou de la volonté, de faire cela *en grand*. Déplacer plus de personnes, plus d'objets : voilà un projet qui réunit curieusement le monde militaire du *SS Meredith Victory* et celui, marchand, du *MSC Gülsün*. La technologie y joue un rôle central, tout comme la faculté humaine d'en repousser les limites. La même humanité, capable de mettre à l'eau un navire grand comme quatre terrains de football, peut s'accommoder d'un bateau trop petit et en abattre les cloisons pour le *relooker* en arche de Noé. Mais mettre en miroir ces deux événements permet aussi de pointer les vulnérabilités qui leur sont attachées. À une fragilité, provoquée tout autant que prise en charge (le déplacement des populations en temps de guerre), vient répondre une autre, celle des intérimaires des chantiers, qui semble quant à elle condamnée à se heurter au mur des nécessités de la concurrence internationale. Entre les réfugiés des guerres d'hier, substitués *in extremis* aux cargaisons de matériel, trimballés tant bien que mal d'un port à l'autre, et les travailleurs précaires d'aujourd'hui, qui se tuent à la tâche pour que la danse mécanique des marchandises se poursuive à la surface des océans, un étrange lien s'est noué. La matière dont celui-ci se compose ? Difficile de le dire encore. Des relents de rigueur militaire, les mégotages d'un esprit marchand, sans doute. Mais ce qui fait tenir la chose, par-dessus tout, ce sont les calculs des ingénieurs et les fers à souder des métallos. Guerre, marché, technologie : les existences précaires qui se succèdent viennent s'échouer aux pieds de ce triptyque qui semble les arrimer les unes aux autres. Mais qu'est-ce qui, au fond, noue ces vies ensemble par les efforts conjugués des militaires, des marchands et des techniciens ? Est-ce le seul fait d'avoir traîné sur les ponts des bateaux ? Ou bien peut-être d'avoir été troquées, à un moment donné de leurs trajectoires, contre des marchandises ?

La réponse tient en un mot, que ce livre propose de creuser : logistique. La logistique, on le sait, est cet art du transport et de la circulation, qui consiste depuis d'antiques guerres à acheminer des vivres, des armes, des bêtes, des hommes, d'un point à un autre, sans perdre de vue ce qui compte : gagner [1]. Mais tout comme la guerre se poursuit par d'autres moyens sur d'autres terrains, la logistique s'est immiscée partout où elle le pouvait. De telle manière qu'il est aujourd'hui difficile de distinguer ce qui ne relèverait pas de sa raison. Des bateaux et des firmes de livraison qui nous apportent nos paquets jusqu'aux routes qui encadrent nos déplacements et aux *data centres* qui hébergent nos données, en passant par les tuyaux par lesquels s'écoule l'eau que l'on boit et les effluents que l'on rejette, ou par les réseaux électriques qui nous approvisionnent avec l'énergie dont nos sociétés sont si gourmandes : les mouvements des choses, des personnes, de la matière visible ou invisible sont désormais profondément structurés par la pensée logistique. Et ce qui réunit, au fil de l'histoire, migrants du nord de la Corée et travailleurs dans le sud, c'est-à-dire ces opérations de transport qui laissent affleurer l'idée que les personnes et les marchandises, parfois, sont interchangeables, c'est une pensée logistique qui nous rassemble le plus souvent à notre insu. Nous, ce sont les existences multiples qui consomment, produisent, transportent, achètent et vendent ; celles qui sont liées par le mouvement et son organisation. Ce sont les voyageurs, légaux et illégaux, riches et pauvres, qui transitent pour aller ailleurs ; ce sont les marchandises innombrables qui parcourent la surface du globe en quête de nouveaux propriétaires ; ce sont les travailleurs et les travailleuses dont les opérations de construction, d'emballage, de pesée ou de pointage, de mesure et de réparation, rendent le déplacement possible ; ce sont les signes, les particules de pollution, les virus zoonotiques et les bactéries contenues par les eaux de ballast et qui sont mises en

1. Deborah COWEN, *The Deadly Life of Logistics. Mapping Violence in Global Trade*, University of Minnesota Press, Minneapolis, 2014.

branle par le grand cirque logistique. Des existences qui partagent la précarité que leur confère le fait d'être vivantes, circulant grâce à des infrastructures, mais aussi activant des machines, les rêvant, les inventant pour donner au mouvement ses objets et ses règles. Ces existences forment un collectif aux multiples substances, qui se trouve aujourd'hui confronté au problème même de ses mobilités, de ce qui les déploie et de ce qui les ordonne.

Reprenons : la logistique est l'activité qui consiste à organiser le transport des objets pour répondre à un besoin ou à une demande. D'origine militaire, cette activité s'est disséminée dans l'ensemble des pratiques humaines. Et, avec elle, une conception particulière du mouvement et de son organisation, qu'on peut résumer de la façon suivante : tout est affaire de *gestion de flux*. Que vous commandiez un livre par Internet, que vous vous rendiez en train chez votre grand-mère, que vous obteniez des médicaments à la pharmacie en présentant votre carte Vitale, que vous vous inscriviez à une formation de dessin dans votre quartier ou que vous appeliez l'agriculteur qui vous procure des légumes régionaux, vous agissez dans un monde dont les éléments sont définis comme autant de flux à gérer. L'étoffe de notre expérience la plus quotidienne, la plus intime est faite de notre appartenance à cet univers logistique. Un ensemble de dispositifs de gouvernement et de mesures nous constituent comme flux ; en retour, nous considérons le monde qui nous entoure à cette aune. Lorsque je fais la queue au supermarché, guettant fébrilement quelle file s'écoule le plus vite, je suis l'élément d'un flux, conçu comme tel au moyen de savoirs de management et d'outils techniques de gestion des populations. La théorie mathématique des files d'attente, le tapis roulant sur lequel je dépose mes achats, la discipline et les pressions subies par la caissière pour optimiser ses gestes représentent certains facteurs de la constitution de ce flux. J'y contribue moi-même, conduit comme je le suis à observer autour de moi non pas des personnes chargées de leurs commissions, mais des mécanismes fluides dotés de vitesses d'écoulement variables : derrière quelle file vais-je prendre place pour en finir plus vite – pour m'écouler plus efficacement ? Ce processus de logistisation ne s'arrête pas aux portes de la grande distribution, car nos gestes, nos pensées, nos affects sont soumis de façon croissante à l'emprise logistique – de nos déplacements dans l'espace public, ordonnés par les savoirs des urbanistes, au plaisir que nous éprouvons au visionnage d'un film, dont distributeurs et plateformes de streaming évaluent la « circulabilité », et jusque dans nos manières collectives de concevoir des principes généraux comme la ponctualité, l'occupation du temps qui passe et qu'il nous faut sans cesse optimiser[2].

Ce livre fait l'hypothèse que la logistique, ainsi que la réflexion et les outils qui la sous-tendent se sont imposés comme un mode d'organisation incontournable des sociétés contemporaines. À ce titre, il est urgent de documenter de manière systématique comment la logistique s'est immiscée dans nos vies, et ce qu'elle change à nos existences. En quoi cela importe-t-il que des modes de contrôle de plus en plus sophistiqués interviennent sur nos trajectoires, nos consommations, nos droits d'accès ? Mais aussi quel genre de monde ce mouvement incessant de personnes, d'objets, de symboles et de particules en tout genre peut-il bien faire exister ? Pour tenter de répondre, je me propose d'examiner le rôle que remplit dans le monde contemporain la logistique, l'organisation du transport et de la circulation des flux de marchandises et de données.

Certains préjugés seront, je l'espère, dissipés, comme celui qui cantonne la logistique à un rôle subsidiaire d'activité technique – une basse besogne de transport déterminée par quelques algorithmes. On verra au contraire que c'est précisément *en tant qu'*intervention technologique sur le monde que la logistique exerce son magistère. Les porte-conteneurs, les théories des flux, les sites de vente en ligne, les législations sur le transport et les stratégies de sous-traitance composent aujourd'hui la matière de notre réalité individuelle et collective, tout simplement parce que

2. La « raison fluide » a déjà fait l'objet de plusieurs analyses, parfois hors de toute référence au rôle structurant de la logistique. Parmi les travaux les plus importants, on peut mentionner : Scott LASH et John URRY, *Economies of Signs and Space*, Sage, Thousand Oaks, 1994 ; Zygmunt BAUMAN, *Liquid Modernity*, Polity Press, Cambridge, 2000.

la loi du monde s'inscrit désormais avec un attirail d'ingénieur. Le domaine d'action de cette loi est planétaire et, pour la saisir, il faut chercher à comprendre comment s'articulent des logiques qui excèdent les seules transformations du travail et qui débordent les frontières nationales. Les entrepôts d'Amazon, les voitures Uber, les sacs à dos Deliveroo, les appartements Airbnb sont autant de symptômes des transformations du travail par un processus de logistisation. À trop insister cependant sur les métamorphoses qui s'opèrent sous nos yeux, on manquerait un autre aspect fondamental de l'organisation logistique : sa portée globale. Aux exploitations qui ont cours dans les entrepôts français répondent celles des usines de production bangladaises ou mexicaines ; de même, les nouveaux modes d'aliénation de la condition de livreur ne s'expliquent qu'en lien avec des pratiques émergentes de consommation. Ce livre plaide pour que la logistique soit comprise comme un défi à notre appréhension du monde en des termes « globaux », c'est-à-dire d'une manière qui rende justice à l'existence sur la planète comme une expérience collective qui déborde les frontières nationales et les secteurs d'activité. Cela implique une attention particulière à la façon dont la logistique assemble des territoires plus riches avec d'autres, plus pauvres. On évitera enfin de succomber à la tentation d'un découpage trop schématique des opérations, des formes de matérialité et des natures. Il n'y a pas, d'un côté, le transport des objets et, de l'autre, celui des personnes, et, encore un peu plus loin, la circulation des êtres symboliques que sont les données, les images, les écrits, les sons. Concevoir l'influence de la logistique sur notre monde, c'est au contraire essayer de comprendre comment objets, personnes, symboles se trouvent d'un même geste, mais pas forcément dans le même sens, mis en mouvement. Pour ce faire, les pages qui suivent mobilisent des exemples issus de plusieurs régions du monde. Je voudrais rendre compte de la constitution d'une société de flux, de ses effets sur nos vies, de la précarité et de la vulnérabilité qu'elle charrie, mais aussi des nouvelles entités collectives qu'elle tend à engendrer par les interdépendances et les solidarités qui s'y trament.

Partant, mon propos sur le « monde logistique » se démarque quelque peu des discours sur le « monde *de la* logistique ». Bien que les pages qui suivent nourrissent un fort intérêt pour la logistique en tant qu'activité professionnelle, l'horizon est ici plus large : pour bien comprendre le rôle de la pensée logistique dans nos vies, il faut reconnaître qu'elle déborde largement les frontières où on la cantonne habituellement. Et ceci, pour plusieurs raisons. D'abord, parce que la logistique organise le social, la société ; ensuite, parce qu'elle construit des frontières et des inégalités internationales ; également parce qu'elle contribue à produire un environnement global ; enfin, parce qu'elle met en œuvre une vision du monde, une épistémologie des rapports entre les entités qui le constituent. En ce sens, la logistique ne se contente pas d'occuper une province clairement délimitée des programmes universitaires ou des activités managériales. Il lui faut un royaume, un empire. Et même : un monde. Il nous faut tenter de comprendre ce monde-là, la manière dont la pensée logistique le fabrique. Et si cela nous permet de concevoir sous un jour un peu différent les liens entre la société marchande mondialisée, l'idéologie libre-échangiste, et le développement scientifique et technologique, alors ce livre aura atteint son objectif.

Les idées présentées dans cet essai développent, reformulent et généralisent certaines observations réalisées au cours d'une enquête précédente[3]. À ce titre, elles sont redevables d'un domaine de recherche, la socio-anthropologie des sciences et des techniques, et plus précisément du courant des *postcolonial studies of technoscience*. On y retrouvera donc des questionnements récurrents autour des savoirs, des techniques, des articulations entre processus marchands et processus technologiques, et des sites depuis lesquels les connaissances sont produites et légitimées. La réflexion sur la logistique soulève de façon simultanée des questions qui sont trop peu souvent traitées de front. Elle concerne aussi bien l'organisation du travail et son coût social que

3. Mathieu Quet, *Impostures pharmaceutiques. Médicaments illicites et luttes pour l'accès à la santé*, La Découverte, « Les Empêcheurs de penser en rond », Paris, 2018.

les formes d'exploitation de l'environnement ou que la construction de rapports internationaux inégalitaires. La pandémie qui a débuté en 2019 a alimenté un renouveau de la pensée logistique, contribuant à montrer son importance tout comme ses failles ; les conséquences de cette situation nouvelle doivent être examinées. Pour autant, la démonstration ne s'appuie pas sur une enquête de terrain, mais témoigne plutôt de la tentative de poursuivre différemment un même raisonnement. Toute réflexion en sciences sociales est nourrie d'expériences, de rencontres, autant qu'elle s'appuie sur des lectures et des discussions avec des collègues : c'est ce *patchwork* qui prend forme ici, et qui constitue la raison d'être du discours. Un élément crucial de cette démarche, on le verra, ce sont les histoires : celles qui ont été lues, entendues ou vécues. Car n'est-ce pas le propre des sciences sociales de façonner un art de tisser des histoires entre elles ? Et n'est-ce pas aussi d'histoires tissées que notre monde est fait ?

1. UN MONDE DE FLUX

Revenons un instant sur le pont du *MSC Gülsün*, alors que celui-ci s'apprête à entamer sa première traversée, au mois de juillet 2019. Livré par Samsung Heavy Industries, depuis la Corée du Sud, au port chinois de Tianjin, début juillet, le bateau doit commencer son périple le 8. Il suivra l'un des axes les plus empruntés du transport maritime mondial, Asie-Europe du Nord, desservi par la ligne SILK/AE 10, ainsi que l'ont nommée les dirigeants de l'alliance 2M, formée par Maersk et MSC, les deux *leaders* mondiaux du transport maritime. *Silk*, bien entendu, en référence à la route de la soie, une expression évocatrice de profits infinis, à la fois passés et futurs, pour les marchands de tous les pays. Le long de cette route, de nombreux arrêts sont prévus. Peu après le départ officiel, qui aura lieu depuis Tianjin, port situé à proximité de Beijing et pilier de la *Belt and Road Initiative*, cette stratégie commerciale mondiale de la Chine, un premier arrêt est prévu à Qingdao. Là, un chargement de plus de 4 000 conteneurs aura lieu, avant de rejoindre le port de Gwangyang (en Corée du Sud) puis, de retour sur la côte chinoise, à Ningbo, Shanghaï, Yantian. Après ces escales, et lesté de quelques milliers de conteneurs de plus, le navire se dirigera vers le port malais de Tanjung Pelepas, qui avoisine Singapour et compte parmi les vingt complexes portuaires les plus importants au monde. De là, le bateau doit repartir fin juillet, presque chargé à bloc, avec à son bord plus de 19 500 conteneurs. Il filera vers l'Europe où il approvisionnera les ports d'Algesiras (Espagne), Gdansk (Pologne), Bremerhaven (Allemagne), Rotterdam (Pays-Bas) et Felixstowe (Angleterre) entre la fin août et début septembre, avant de retourner vers l'Asie – le trajet complet durant un peu plus de deux mois. À chaque fois, il faudra décharger quelques milliers de conteneurs, qui seront à leur tour récupérés par des transporteurs, avant d'être livrés un peu plus loin sur le continent, pour que les objets qu'ils contiennent soient distribués dans d'innombrables points de vente et accomplissent enfin leur destinée : être consommés.

Depuis la passerelle où il est venu faire son inspection, le capitaine du navire envisage le voyage de manière confiante. Certes, l'engin est énorme. Mais il n'en est pas à son coup d'essai : il commandait déjà par le passé un bâtiment d'une capacité de 19 000 conteneurs. Ce ne sont pas les quelques milliers de plus du *MSC Gülsün* qui vont faire la différence. Il y a bien quelques inquiétudes. En particulier, le canal de Suez, malgré les travaux dont il a fait l'objet et l'ouverture du « nouveau canal » en 2015, reste un peu étroit pour le navire le plus grand du monde. Le *MSC Gülsün* n'est pas à proprement parler un « Suezmax », dont le tirant d'eau serait si fort qu'il excéderait la réglementation du canal. Mais il s'en faut de peu : sa largeur de 61,4 mètres est juste en dessous de la limite maximale autorisée à 62,1 mètres. Il faudra donc toute la collaboration de l'Autorité du canal pour passer sans encombre. D'autres contrariétés s'annoncent dans les relations avec les ports. Le *MSC Gülsün* est si grand que les grues du port de Bremerhaven ne peuvent pas atteindre la rangée de conteneurs la plus éloignée du quai, et les autorités protestent contre ces nouveaux « méga-navires » qui les forcent à renouveler sans cesse les investissements aux frais des contribuables. Pourtant, les évolutions des technologies grutières au cours des dernières décennies ont été nombreuses, pour adapter le matériel à la taille des navires mais aussi pour accélérer la vitesse de déchargement. Le capitaine affecte de ne pas s'en inquiéter : cela se réglera entre la compagnie et les autorités portuaires. Quant au plan de chargement, c'est le *ship planner* qui s'en occupe derrière son ordinateur, en réglant tous les détails de dernière minute avec les commerciaux qui tentent toujours de lui faire embarquer plus de conteneurs que le navire ne peut en contenir. Qu'il se débrouille. Son travail à lui, en tant que capitaine, ce sera d'amener les marchandises à bon port. Mais quelles marchandises ? On sait, parce que la China Ocean Shipping Agency l'a déclaré, que le bateau transportera de l'acier, des meubles, des produits chimiques. On sait aussi que ses 2 000 conteneurs réfrigérés permettent d'acheminer de la nourriture, des médicaments ou des produits nécessitant une conservation au froid ou une congélation. En dehors de ça, bien peu de choses. Et d'ailleurs, quels sont ces objets migrateurs qui parcourent le monde ?

DES OBJETS MIGRATEURS

Le commerce de marchandises a crû de façon exponentielle au cours des dernières décennies. En 2018, la valeur des biens échangés sur la planète atteignait presque 20 trillions de dollars, soit quasiment trois fois plus qu'en l'an 2000, et trois cents fois plus qu'en 1950 [1]. Le volume de ces échanges lui-même n'a cessé de croître : il est passé d'une augmentation moyenne de 3,4 % par an pendant la « première mondialisation » (1870-1913) à 7,9 % par an au cours des trente glorieuses. Même au cours de la période de crise, entre 1973 et 1998, cette croissance s'est maintenue à plus de 5 % par an [2]. Nous vivons aujourd'hui, plus que jamais auparavant, environnés par des objets. En France par exemple, un foyer héberge en moyenne une centaine d'appareils électriques dont vingt-quatre dans le salon. Réfrigérateurs, téléphones fixes et portables, lave-linge, fours à micro-ondes, modems d'accès à Internet sont parmi les plus fréquemment rencontrés dans les habitations françaises [3]. Modernes cavernes d'Ali Baba, les logements des pays les plus riches débordent d'objets de toutes catégories. C'est le cas des vêtements : chaque habitant de l'Union européenne dépense en moyenne 800 euros par an pour acheter de nouveaux habits

1. OMC, *Global Trade Growth Loses Momentum as Trade Tensions Persist*, communiqué de presse, 2 avril 2019 ; Statista, *Trends in Global Export Volume of Trade in Goods from 1950 to 2018*.
2. Angus MADDISON, *The World Economy. A Millennial Perspective*, OCDE, Paris, 2001, p. 127.
3. INSEE, « Équipement des ménages », 2 mars 2017.

(680 euros en France)[4], ce qui équivaut à plusieurs dizaines de kilos de textile. N'oublions pas non plus les produits alimentaires qui nous nourrissent, le mobilier sur lequel nous nous reposons, les véhicules qui nous transportent : autant d'outils, de bibelots, d'œuvres, de choses dont les qualités sont profondément marquées par leur nature marchande.

Les innombrables objets qui nous entourent, comme les matériaux qui les composent, ont souvent parcouru des milliers de kilomètres. La batterie du téléphone portable qui vous sert de réveille-matin contient du cobalt, certainement extrait en République démocratique du Congo, ou peut-être en Russie ou en Australie. C'est aussi le cas de la tablette ou de l'ordinateur portable que vous venez d'allumer pour y lire les nouvelles en prenant le petit-déjeuner. Alors que vous sirotez votre café – éthiopien – pour dissiper la brume matinale de vos pensées, votre regard flotte et se pose sur les roses qui agrémentent votre salon : elles ont poussé au Kenya. Une fois le déjeuner avalé, vous prenez votre traitement quotidien, fabriqué dans des usines indiennes à partir de principes actifs chinois. Puis vous quittez votre pyjama préféré, cousu au Bangladesh, pour enfiler des vêtements de jour, qui viennent de différents pays d'Asie du Sud-Est. Juste avant d'arriver au boulot, alors que vous vous essoufflez en pédalant sur votre bicyclette *made in Taiwan*, votre patron vous double une fois de plus, en frimant au volant d'une voiture allemande. Pendant la pause, le stylo avec lequel vous écrivez votre liste de courses pour préparer la soirée vient de Chine. Le sucre avec lequel vous cuisinerez votre fameux gâteau au chocolat provient de plantations brésiliennes, et le cacao très probablement de Côte d'Ivoire. Si, par malheur, vous ratez la confection du dessert peu avant que vos amis n'arrivent, vous pourrez toujours filer au rayon surgelés de votre supérette pour décongeler une tarte aux myrtilles (polonaises) à l'aide de votre four micro-ondes (coréen). Et, le dimanche suivant, il vous faudra aller user quelques heures sur le canapé neuf de vos parents, dont le bois qui forme la structure a été coupé en Roumanie. Notre

4. EUROSTAT, *Household Expenditure by Purpose in the EU*, 2016.

quotidien regorge d'objets migrateurs, de marchandises voyageuses et de substances en mouvement. Dans le film documentaire *Genèse d'un repas* (1978), Luc Moullet et sa compagne Antonietta Pizzorno résument cette idée, en un plan joyeusement provocateur de *strip-tease*. À chaque vêtement ôté, elle annonce sa provenance : Pérou, Zaïre, Philippines, Inde, Pakistan, pétrole arabe... Une fois complètement nue, alors qu'on imagine difficilement ce dont elle peut encore se défaire, elle arrache enfin ses faux cils et lâche un désabusé : « Encore du pétrole. »

Ce phénomène de circulations internationales de marchandises a nourri une littérature abondante sur des sujets aussi divers que les *blue-jeans*, les véhicules automobiles ou les champignons et les plantes psychotropes [5]. À travers des angles variés, des travaux classiques ou plus récents se sont penchés sur le commerce de matériaux et de denrées alimentaires comme la fourrure, le sucre, le pétrole, la tomate, l'indigo, le ciment [6]. Des projets et des ouvrages de synthèse, dans des domaines comme la géographie, l'anthropologie et l'économie, rassemblent des enquêtes aussi bien sur les circulations de matières premières que sur celle des produits finis [7]. Les rapports Cyclope présentent par exemple chaque année des

5. Daniel Miller et Sophie Woodward, *Blue Jeans. The Art of the Ordinary*, University of California Press, Berkeley, 2012 ; Yann Philippe Tastevin, « Autorickshaw (1948- 2...). A success story », *Techniques & Culture*, n° 58, 2012, p. 264-277 ; Anna Lowenhaupt Tsing, *Le Champignon de la fin du monde. Sur la possibilité de vie dans les ruines du capitalisme*, La Découverte, « Les Empêcheurs de penser en rond », Paris, 2017 ; Céline Lesourd, *Puissance Khat. Vie politique d'une plante stimulante*, PUF, Paris, 2019.
6. Harold A. Innis, *The Fur Trade in Canada. An Introduction to Canadian Economic History*, Oxford University Press, Londres, 1930 ; Sidney W. Mintz, *Sweetness and Power. The Place of Sugar in Modern History*, Penguin Books, New York, 1986 ; Timothy Mitchell, *Carbon Democracy. Le pouvoir politique à l'ère du pétrole*, La Découverte, Paris, 2013 ; Jean-Baptiste Malet, *L'Empire de l'or rouge. Enquête mondiale sur la tomate d'industrie*, Fayard, Paris, 2017 ; Michael Taussig, *What Color is the Sacred ?* University of Chicago Press, Chicago, 2009 ; Armelle Choplin, *Matière grise de l'urbain. La vie du ciment en Afrique*, MétisPresses, Genève, 2020.
7. Gordon Mathews, Gustavo Lins Ribeiro et Carlos Alba Vega (dir.) *Globalization from Below. The World's Other Economy*, Routledge, Londres, 2012 ; Armelle Choplin et Olivier Pliez, *La Mondialisation des pauvres. Loin de Wall Street et de Davos*, Seuil, Paris, 2018 ; Alex Hughes et Suzanne Reimer (dir.), *Geographies of Commodity Chains*, Routledge, Londres, 2004 ; voir aussi le projet ANR « ViPoMar » (Vie politique des marchandises) dirigé par Boris Petric entre 2014 et 2018.

données sur les différentes matières premières qui alimentent la vie sociale et économique, en expliquant les raisons de ces variations. Le principal auteur de ces rapports, Philippe Chalmin, raconte avec un plaisir non dissimulé les aventures de multiples marchandises et matières premières [8]. Tous ces textes offrent le plus souvent une vision fascinante de la mondialisation économique, comme cousue des circulations d'objets qui peuplent la vie humaine. Ils oscillent entre l'émerveillement face aux kilomètres parcourus et aux trésors d'ingéniosité déployés pour façonner des « choses », d'une part, et l'indignation ou le dégoût que provoquent les pratiques d'exploitation et d'extraction « au loin » afin de satisfaire nos besoins gloutons, d'autre part. On y voit se croiser et se mêler dans une atmosphère presque orgiaque des flux d'objets, de substances, de matières et d'entités qui composent notre expérience quotidienne.

LA RONDE DES CONTENEURS

Dans le film de Luc Moullet, la prise de conscience des sources inspire une enquête sur l'origine des biens – à commencer par le thon, les œufs et les bananes qui constituent le repas du réalisateur. Et ce dispositif conduit le documentariste à dénoncer avec virulence l'industrialisation de l'alimentation, l'exploitation au travail, la persistance du colonialisme. Prenant son interrogation pour modèle – d'où ça vient ? –, on ajoutera cependant : comment ça voyage ? Car la littérature évoquée ci-dessus fait souvent l'impasse sur les conditions infrastructurelles auxquelles les marchandises se déplacent, même si la « boîte noire du fret » tend à s'ouvrir depuis quelques années [9].

Comment donc la ronde des conteneurs se met-elle en mouvement ? Et de regarder à nouveau en direction du *MSC Gülsün*. Celui-ci ne constitue que l'aboutissement le plus récent et le plus colossal de l'évolution technique du transport maritime depuis la

8. Philippe CHALMIN, *Le Poivre et l'or noir. L'extraordinaire épopée des matières premières*, Bourin Éditeur, Paris, 2007.
9. Thomas BIRTCHNELL, Satya SAVITZKY et John URRY (dir.), *Cargomobilities. Moving Materials in a Global Age*, Routledge, Londres, 2015.

fin de la Seconde Guerre mondiale [10]. En 1956, la capacité du premier « porte-conteneurs », l'*Ideal* X, était d'environ 1 000 EVP (équivalent vingt pieds, unité de mesure approximative de la taille d'un conteneur). Assez rapidement cependant, la capacité des porte-conteneurs a augmenté. En 1973, les premiers porte-conteneurs intégraux français avaient une capacité de 3 000 EVP et à la fin des années 1980 sont apparus les « Post-Panamax », si grands qu'ils ne pouvaient plus emprunter le canal de Panama (plus de 4 000 EVP). La croissance des pays émergents au début des années 2000, et en particulier celle de l'Asie, a stimulé cette course à la grandeur puisque, en une vingtaine d'années, la capacité des navires les plus grands a à nouveau été multipliée par trois, atteignant aujourd'hui plus de 20 000 EVP pour un navire comme le *MSC Gülsün*. On parle aujourd'hui de *mega-ships* au sujet des vaisseaux de plus de 10 000 EVP, dont la majorité ont été mis à l'eau après la crise de 2008. Leur nombre reste limité (quarante-sept navires de plus de 20 000 EVP) et la plupart des porte-conteneurs se situent encore à moins de 3 000 EVP. Mais les méga-navires ont le vent en poupe, pour les économies d'échelle, et notamment de carburant, qu'ils permettent. Surtout, ils témoignent de l'accroissement global du volume du commerce international. Entre 1950 et le début des années 2000, la capacité de la flotte mondiale a quintuplé et les échanges par voie maritime se sont multipliés par dix [11]. Le trafic par porte-conteneurs est passé d'une centaine de millions de tonnes en 1980 à presque 2 000 millions en 2017 [12]. Au cours des vingt dernières années seulement, le commerce a crû d'environ 50 millions de conteneurs pour atteindre près de 160 millions [13]. Ces transformations d'une rapidité vertigineuse donnent à l'activité de transport et de distribution un rôle crucial dans l'économie. L'Organisation mondiale du commerce (OMC) estime ainsi que les « services de

10. Pour tout dire, quelques mois seulement après sa mise à l'eau, le *MSC Gülsün* s'est vu privé du titre de plus grand navire du monde par le *HMM Algeciras*, qui portait le nouveau record de 23 756 à 23 964 EVP.

11. Antoine Frémont et Martin Soppé, « Transport maritime conteneurisé et mondialisation », *Annales de géographie*, vol. 642, n° 2, 2005, p. 187-200.

12. CNUCED, *Étude sur les transports maritimes 2018*, Nations unies, 2018.

13. *Ibid.*, p. 13.

distribution », qui incluent plus généralement les activités de mise en relation des producteurs avec les consommateurs, comptent avec les services financiers parmi les secteurs les plus dynamiques et les plus importants de l'économie mondiale [14]. Et avant qu'une activité soit considérée « aussi dynamique » que la finance, il faut qu'elle ait permis à un beau quota de milliardaires de s'offrir un nouveau yacht.

La grande migration des objets ne se résume cependant ni à l'encombrement des foyers, ni à la multiplication des navires de très grande taille, ni aux chiffres du commerce international, ni à l'enrichissement des transporteurs. Elle se matérialise par l'éclosion et la dissémination d'entités qui peuplent de plus en plus notre environnement comme nos imaginaires. La ronde des conteneurs active ainsi un ensemble de figures, d'outils et d'espaces qui sont devenus les lieux communs du capitalisme mondialisé. Qu'on en juge par les constellations d'entrepôts qui couvrent les zones périurbaines en France. Entrepôts, plateformes et *hubs*, centres de tri : faire bouger, c'est aussi entreposer, stocker, préparer, recevoir. La surface occupée en France par les entrepôts et plateformes logistiques de plus de 5 000 m^2 est aujourd'hui de 80 millions de m^2 [15]. Un tiers de ces entrepôts sont exploités par des sociétés spécialisées dans le transport et la logistique ; un tiers par la grande distribution ; un tiers par des sociétés industrielles. Les trois principales zones sont la région parisienne, le nord de la France et la région lyonnaise, mais des entrepôts ont bourgeonné un peu partout au cours des dernières décennies, et les villes font maintenant ce qu'elles peuvent pour s'attirer les faveurs de l'e-commerce ou de la grande distribution. Comme le souligne le sociologue David Gaborieau, ces espaces ne sont pas des sites de production en tant que tels, mais, dans la mesure où ils relèvent pleinement d'une logique industrielle dans un pays qui se désindustrialise, ce sont des « usines à colis [16] ». Dans les entrepôts, des piles de marchandises

14. OMC, *Rapport sur le commerce mondial. L'avenir du commerce des services*, 2019.
15. Service de l'observation et des statistiques, *Atlas des entrepôts et des aires logistiques en France en 2015*, ministère de l'Environnement, Paris, 2015.
16. David Gaborieau, « Des usines à colis : trajectoire ouvrière des entrepôts de la grande distribution », thèse de doctorat, université Paris 1, 2016.

sont érigées par les ouvriers. Préparateurs, caristes et récepteurs de commande s'affairent à l'édification de monuments à géométrie variable, « filmant » ici pour empiler là-bas, réceptionnant ailleurs pour mieux envoyer un peu plus loin. La population ouvrière des entrepôts (distribution, réception) concerne aujourd'hui 13 % de la population ouvrière totale, soit 700 000 emplois [17]. Si l'on ajoute les métiers du transport, ce nombre pourrait même se porter à plus de 1,6 million [18]. Des emplois surtout dévolus à une population racisée et majoritairement masculine [19], au niveau de diplôme assez bas, à la mobilité professionnelle limitée, soumise à différentes stratégies de disqualification sociale et victime d'accidents de travail fréquents [20].

Mais, alors que ce genre de problème reste cantonné à l'arrière-boutique, la vitrine clinquante de ces transformations est occupée par les « licornes » de l'économie mondiale – et en particulier les entreprises qui ont tiré avantage du tournant numérique pour redéfinir l'activité de distribution. Au premier rang de celles-ci, Amazon, dont le P-DG Jeff Bezos est accessoirement l'homme le plus riche de la planète. Peu importe à Jeff Bezos que le profit de sa compagnie dépende de la pression constante exercée sur ses salariés dans les entrepôts, depuis le rabotage de la pause-café jusqu'à l'encouragement plus ou moins explicite à la délation [21]. Tous les moyens sont bons pour s'enrichir, de l'optimisation fiscale à la collecte et à la marchandisation des données des usagers. Mais l'activité de distribution, telle qu'elle est professée par Amazon, a consisté avant tout à mettre en place une force de stockage et de transport massive tout en captant le plus systématiquement

17. Carlotta BENVEGNÙ et David GABORIEAU, « Produire le flux. L'entrepôt comme prolongement d'un monde industriel sous une forme logistique », *Savoir/Agir*, n° 39, 2017, p. 66-72.
18. AFILOG, *Panorama des emplois de la supply chain*, 2016.
19. Haude RIVOAL, « Entre contraintes du flux et logiques sanitaires. Recompositions et maintien de l'hégémonie masculine dans une grande entreprise de distribution », *Sociétés contemporaines*, n° 113, 2019, p. 85-111.
20. Cécile CUNY (dir.), *On n'est pas des robots. Ouvriers et ouvrières de la logistique*, Créaphis, Grane, 2020 ; Lucas TRANCHANT, « L'intérim de masse comme vecteur de disqualification professionnelle », *Travail et Emploi*, n° 155-156, 2018.
21. Jean-Baptiste MALET, *En Amazonie*, Fayard, Paris, 2013.

possible les transactions entre des vendeurs moins importants et leurs consommateurs. De ce fait, l'entreprise raccourcit sans cesse ses délais de livraison, vise à couvrir exhaustivement l'ensemble des segments d'une multitude de marchés, et fait fructifier son statut d'intermédiaire incontournable. Ce modèle indique que les transformations actuelles du transport des marchandises ont partie liée avec celles de l'économie de plateforme, dans laquelle le succès est souvent corrélé à l'articulation entre un usage du numérique et un modèle d'intégration du transport des biens et des matières [22].

La ronde des conteneurs, c'est aussi un arsenal d'outils et de techniques. Palettes, chariots élévateurs et transpalettes, gerbeurs, cartons et emballages, codes-barres et puces de traçabilité sont quelques-uns de ces outils, sans parler des innombrables promesses technologiques qui les accompagnent, de la *blockchain* aux drones. Cet attirail, familier pour quiconque a mis les pieds une fois chez Ikea ou Castorama, est le fruit d'une longue histoire de développements technologiques et marchands. Certains des éléments les plus importants de ce décor, mi-banalement coutumier, mi-cauchemar technophile, sont apparus dès le milieu des années 1950, alors que l'entrepreneur Malcolm McLean, souvent considéré comme l'inventeur de la conteneurisation, menait ses premières expériences de transbordement avec des boîtes de taille standard [23]. D'autres sont d'origine plus lointaine encore. Prenez un appareil aussi commun que le chariot élévateur. Au XIXe siècle, les gares et certains sites industriels étaient fréquemment équipés de chariots manuels à quatre roues, qui permettaient de transporter de lourdes charges. En 1917, aux États-Unis, la Clark Equipment Company – une société cofondée par un certain Eugene B. Clark, qui travaillait principalement pour l'industrie ferroviaire – mit au point,

22. Sur l'économie de plateforme : Nick SRNICEK, *Capitalisme de plateforme. L'hégémonie de l'économie numérique*, Lux Éditeur, Montréal, 2018 ; Sarah ABDELNOUR et Dominique MÉDA, *Les Nouveaux Travailleurs des applis*, PUF, Paris, 2019.

23. Marc LEVINSON, *The Box. How the Shipping Container Made the World Smaller and the World Economy Bigger*, Princeton University Press, Princeton, 2006 ; Brian J. CUDAHY, *Box Boats. How Container Ships Changed the World*, Fordham University Press, New York, 2006 ; Alexander KLOSE, *The Container Principle. How a Box Changes the Way We Think*, MIT Press, Cambridge, 2015.

pour ses propres besoins de transport de lourdes pièces ou de sable, le premier « Tructractor ». Il s'agissait d'un véhicule à trois roues, doté d'un moteur à essence, qui permettait de déplacer des marchandises à l'intérieur du site industriel. Le succès rencontré par cette innovation conduisit l'équipementier à créer en 1919 une subdivision de sa firme, la Clark Tructractor Company, consacrée à la production d'engins de transport de matériaux. Le Tructractor devait cependant être chargé manuellement, ce qui rendait difficile, voire impossible, certaines manipulations. S'ensuivirent alors une série de modifications qui allaient conduire au chariot élévateur. En 1920, la compagnie mit au point un système d'élévation hydraulique et commercialisa le « Truclift » ; en 1923, une équipe d'ingénieurs de Yale and Towne Manufacturing améliora le système d'élévation, lui permettant de dépasser la hauteur du véhicule ; en 1924, un autre engin de manutention Clark fut équipé d'un élévateur en forme de fourche. À l'issue de cette décennie de tâtonnements, Clark commercialisa en 1928 le Tructier, premier chariot élévateur à système hydraulique et à fourche. La forme de celui-ci n'est pas très éloignée des engins qu'on croise aujourd'hui dans n'importe quel entrepôt. Il s'en vendrait plus de 1,5 million chaque année dans le monde.

Ces outils mènent souvent des existences interdépendantes : de même que les navires porte-conteneurs sont indissociables de la boîte de métal qui leur a donné leur nom, les chariots élévateurs sont liés à la palette et à sa standardisation. Certes, le principe de la plateforme de soutien de marchandise n'était pas nouveau au tournant du XXe siècle. Néanmoins, avec l'invention du chariot élévateur à fourche, la fabrication des plateformes a été rapidement adaptée à la fourche. Dès les années 1920 et 1930, les palettes étaient ainsi utilisées aux États-Unis pour charger des wagons de train. L'usage des deux – chariot élévateur et palette – s'est étendu pendant la Seconde Guerre mondiale pour répondre aux besoins de l'armée. C'est ainsi que le chariot et la palette sont devenus des outils essentiels du transport des marchandises.

De nos jours, la numérisation joue un rôle toujours croissant dans ce domaine, qui requiert des systèmes d'information de plus en plus complexes [24]. Il faut bien reconnaître que les compagnies de transport font face à des enjeux difficiles à traiter « à la main ». Quand vous vous grattez la tête pour disposer tous vos bagages dans un coffre de voiture, vous n'avez qu'un aperçu du problème. Vous ne vous êtes probablement jamais demandé comment procéder au chargement d'un porte-conteneurs de 500 EVP. Et de 10 000 ? Voire de 20 000, circulant en continu sur une ligne comprenant quinze escales, et chargeant ou déchargeant à chaque fois quelques milliers de boîtes ? Il ne suffit pas d'avoir joué à Tetris pour aborder ce genre de situation en toute confiance. À la fin des années 1960, pour répondre aux problèmes entraînés par la capacité croissante des navires et pour réduire le temps passé à quai, des firmes d'ingénierie informatique ont proposé les premiers programmes d'automatisation du chargement des conteneurs. Hydronautics Inc., une compagnie créée au début des années 1960 et spécialisée dans la construction navale et les technologies de navigation, a mis au point un programme qui proposait des solutions de chargement à partir d'une modélisation des caractéristiques du navire et d'une prise en compte des principales contraintes (charge totale et stabilité). Ce logiciel était élaboré dans le cadre d'un programme de l'Administration maritime américaine visant à renforcer la compétitivité de la flotte marchande et militaire, et baptisé *Ship Operations Information System* [25]. Ce premier modèle présentait cependant de nombreux défauts, à commencer par celui de ne considérer que la charge globale, abstraction faite de la répartition du poids unitaire des conteneurs. Il était donc impossible de se fier à cette estimation pour opérer le chargement, sauf à risquer de faire chavirer le navire. D'autres logiciels ont par la suite été mis en œuvre avec l'objectif d'optimiser la charge (stabilité, charge maximale, répartition des boîtes sur le dessus ou le dessous

24. Nicky GREGSON, Mike CRANG et Constantinos N. ANTONOPOULOS, « Holding together logistical worlds : friction, seams and circulation in the emerging "global warehouse" », *Environment and Planning D : Society and Space*, vol. 35, n° 3, 2017, p. 381-398 ; voir aussi Moritz ALTENRIED, « Le container et l'algorithme : la logistique dans le capitalisme global », *Période*, 2016.

25. Doug-Woon CHO, « Development of a methodology for containership load planning », PhD Dissertation, Oregon State University, 1981.

de la pile) tout en minimisant le temps de déchargement. Encore aujourd'hui, les *ship planners* recourent à des techniques mixtes de remplissage, en mobilisant à la fois l'informatique et leur propre connaissance des caractéristiques des navires ou de la navigation [26]. Il n'en reste pas moins que l'informatique s'est imposée comme un outil incontournable du transport des marchandises.

Le déplacement des marchandises n'existe pas sans cette multitude d'acteurs – travailleurs et travailleuses du transport, entreprises de l'économie numérique, firmes de sous-traitance disséminées un peu partout dans le monde – et d'outils – lieux de stockage, outils de levée et de mesure, logiciels – dont l'existence forme la matière infrastructurelle sur laquelle prospère le commerce international. Il serait impossible de tenir le compte exhaustif de l'ensemble des routes et des outils de communication, des véhicules, des appareils de manipulation et de stockage, ou encore des cohortes d'ouvriers et d'ingénieurs nécessaires à la perpétuation de la ronde des conteneurs. On peut en revanche s'essayer à caractériser le principe qui fait aujourd'hui tenir ensemble ces différents éléments.

LA RÉVOLUTION LOGISTIQUE

C'est d'ordinaire le moment que choisissent les historiens pour sortir du bois et déclarer, en fronçant les sourcils : « Mais enfin, rien de cela n'est nouveau ! Les échanges de marchandises, les technologies de transport, les pratiques d'entreposage n'ont attendu ni le capitalisme ni la phase de mondialisation du XXe siècle, et encore moins l'institutionnalisation de la logistique pour exister ! » Et il serait difficile de ne pas leur donner, au moins en partie, raison. Il n'est qu'à se pencher sur l'ouvrage magistral consacré par Philippe Beaujard à l'histoire de l'océan Indien pour s'en convaincre. Sur la côte swahilie par exemple : n'a-t-on pas retrouvé des poteries et des céramiques chinoises ou islamiques, datées du VIe au Xe siècle ? des perles de verre chinoises ou indiennes ? Les auteurs arabes

26. Laetitia BIANCHI et Nicolas PEYTAVIN, « Ship managers », *Le Tigre*, n° 17, 2012, p. 32-45.

du Xe siècle n'évoquent-ils pas la recherche en Afrique de l'Est de produits tels que peaux, ivoire, esclaves [27] ?

De même, lorsque, à la fin du XVe siècle, Vasco de Gama débarque sur la côte de Malabar, il y rencontre déjà des marchands tout prêts à échanger avec lui et à faire fructifier leurs intérêts [28]. Et les constructions engagées par le Portugal dès cette époque – des ports, des forts, des entrepôts – donnent un aperçu des changements qu'apporteront les siècles suivants. Mais lorsque l'on considère ce qui sépare l'océan Indien « découvert » par Gama de celui que l'on connaît aujourd'hui, parcouru sans fin par de gigantesques porte-conteneurs, à peine troublés de temps à autre par des attaques pirates menées depuis de petits bateaux à moteur, force est de constater qu'un changement d'échelle s'est produit. Certains vont même jusqu'à dire que, depuis les années 1970, le monde de la logistique a connu une véritable révolution, au point que nous serions passés à un nouvel âge du capitalisme, l'ère de la « chaîne de distribution [29] ».

Partant du succès des supermarchés Wal-Mart et des transformations des marchés internationaux dans les années 1980 et 1990, Edna Bonacich et Jake B. Wilson pointent les évolutions structurelles sous-jacentes à une telle révolution [30]. L'économie du *push*, ou stratégie de pression, dans laquelle les producteurs imposaient leur rythme aux distributeurs, a laissé place à l'économie du *pull*, ou de l'attraction, qui a donné au contraire plus de pouvoir aux détaillants [31]. Cette évolution a déplacé la compétition : des firmes,

27. Philippe BEAUJARD, *Les Mondes de l'océan Indien*, 2 tomes, Armand Colin, Paris, 2012.
28. Sanjay SUBRAHMANYAM, *Vasco de Gama. Légende et tribulations du vice-roi des Indes*, Alma éditeur, Paris, 2012.
29. Anna TSING, « Supply chains and the human condition », *Rethinking Marxism*, vol. 21, n° 2, 2009, p. 148-176 ; Doreen MASSEY et Richard MEEGAN, *The Anatomy of Job Loss. The How, Why and Where of Employment Decline*, Methuen, Londres, 1982.
30. Edna BONACICH et Jake B. WILSON, *Getting the Goods. Ports, Labor and the Logistics Revolution*, Cornell University Press, Ithaca, 2008.
31. *Ibid.*, p. 4. Bien qu'il s'agisse d'une distinction quelque peu artificielle, on tend à différencier une économie du *push*, dans laquelle les producteurs visent à imposer leurs produits sur les marchés, et une économie du *pull*, dans laquelle ce sont les attentes des consommateurs ainsi que la manière dont celles-ci sont identifiées et segmentées qui déterminent l'activité productive.

elle s'est étendue aux chaînes de distribution et à leur maîtrise. En accord avec les préceptes néolibéraux mis en œuvre au tournant des années 1980, cela s'est accompagné de mesures de dérégulation et de privatisation dans de multiples domaines, des transports au contrôle des prix de vente. Soit dit en passant, Bonacich et Wilson ont raison de noter que ce pouvoir renouvelé du capital commercial a souvent été négligé par les analystes au profit d'un intérêt pour le rôle du capital financier. Cette mutation a consacré l'abandon du modèle fordiste d'une production très standardisée au profit d'une flexibilisation des pratiques de production favorisée par différents principes de gestion (comme la *lean production* lancée notamment par l'entreprise Toyota). Un procédé essentiel de cette flexibilisation a consisté à sous-traiter une partie de la production pour rogner sur le coût du travail. L'autre changement important a été le développement du transport intermodal ou combiné qui a permis d'accélérer sensiblement la rapidité de livraison. Dans le même temps, la dérégulation a permis à un même acteur de gérer différents modes de transport. Enfin, la révolution logistique a été permise par des transformations du marché du travail : affaiblissement des syndicats, casse du droit du travail et externalisation croissante des fonctions des entreprises.

Les mutations du capitalisme de chaîne de distribution ont exacerbé les relations d'interdépendance à l'échelle internationale. La logistique nourrit en effet une obsession de la science économique libre-échangiste, qu'elle pousse à son paroxysme : la théorie de l'avantage comparatif. Celle-ci a été formulée au début du XIXe siècle par David Ricardo, qui y voyait une manière pour les pays de trouver une base d'échange dans la mise en concurrence entre des compétences [32]. Le système d'interdépendances que n'a cessé d'encourager ce précepte est conduit à une nouvelle extrémité par les dynamiques contemporaines de mondialisation. Les consommateurs européens sont plus que jamais dépendants des ouvriers asiatiques pour assouvir leurs besoins de consommation,

32. David RICARDO, *On the Principles of Political Economy and Taxation*, John Murray, Londres, 1817.

à un degré parfois vital lorsqu'on pense par exemple à la production de médicaments essentiels. En retour, les ouvriers asiatiques, qui sont eux-mêmes des consommateurs, dépendent de la consommation des pays où ils exportent leurs marchandises pour accéder à de nouveaux biens et s'aligner sur le dogme de la croissance par le marché dont leurs gouvernants sont les relais ; de surcroît, ils sont fortement tributaires de la production européenne dans un grand nombre de domaines.

Jamais la production d'un même bien n'a impliqué une telle diversité d'acteurs situés dans des espaces nationaux distincts. La phase de mondialisation actuelle n'affecte pas seulement les opérations d'échange mais aussi les pratiques productives : la chaîne d'approvisionnement, ou chaîne de valeur, est devenue mondiale [33]. Ceci implique une fusion croissante entre production et échange (ou distribution), à tel point qu'il devient parfois difficile de distinguer où cesse l'acte de produire et où commence celui d'échanger. Une telle confusion a des antécédents. Par exemple, dans une enquête passionnante sur le commerce textile entre le Gujarat (Inde) et la côte mozambicaine au tournant du XIXe siècle, l'historien Pedro Machado montre comment la demande de la clientèle africaine en textile et celle de la clientèle asiatique en ivoire pouvaient être déterminantes dans les pratiques de production [34]. Loin de se laisser imposer des produits, les consommateurs influençaient la fabrication en exigeant qu'elle se plie à certaines modes locales. Le moment de la production et celui de l'échange n'étaient donc pas si distincts qu'on le considère parfois. Mais l'atomisation a aujourd'hui pris de tout autres proportions, certaines marchandises impliquant des dizaines de sites productifs sur différents continents, des trajets de transport très segmentés et une communication en temps réel.

33. Un pionnier des analyses en termes de chaîne (globale) de valeur est le sociologue Gary GEREFFI, *Global Value Chains and Development*, Cambridge University Press, Cambridge, 2018.

34. Pedro MACHADO, *Ocean of Trade. South Asian Merchants, Africa and the Indian Ocean, c. 1750-1850*, Cambridge University Press, Cambridge, 2014.

DE L'ART MILITAIRE AU SAVOIR MARCHAND

L'autre phénomène déterminant de la révolution logistique est d'ordre épistémologique : elle est aussi une révolution des savoirs sur le mouvement. Celle-ci a débuté dès l'après-guerre aux États-Unis, avec l'entrée du terme « logistique » dans le monde du management. Une telle association n'avait rien de naturel, car le commerce n'est pas le domaine d'application originel de ce mode de pensée. L'étymologie du terme « logistique » le rappelle, empilant des significations multiples, mais avant tout marquées par la stratégie militaire. Dans l'Antiquité, le grec *logistikos* qualifiait une opération de raisonnement et de calcul. L'Empire romain se l'est approprié pour désigner un titre et une fonction : le « logiste » avait pour attribution de « remettre de l'ordre dans les finances municipales » d'une ville. À ce titre, sa tâche était comparable à celle de « curateur de cité », et *logista/curator* renvoyaient à des fonctions semblables d'administration [35]. Comme le rappelle Jean-Baptiste Vidalou, la logistique est cependant aussi, « dès ses origines, une science militaire [36] ». La fonction de maréchal général des logis, créée par Henri IV, a démontré au cours du XVIIe siècle son importance dans l'organisation du déplacement et du campement des armées [37]. Elle requérait avant tout de bonnes connaissances géographiques et des compétences de cartographie, mais impliquait par extension un travail d'administration des armées et d'approvisionnement en pain, en fourrage, en armes [38]. Dans son *Précis de l'art de la guerre* (1838), Antoine-Henri de Jomini a associé la logistique à l'« art pratique de mouvoir les armées ». Acteur des guerres napoléoniennes, il avait assisté à des innovations dans la conduite de la guerre qui avaient rendu les armées plus mobiles et

35. Mireille CORBIER, *L'Aerarium saturni et l'aerarium militare. Administration et prosopographie sénatoriale*, Publications de l'École française de Rome, Rome, 1974 ; voir aussi François JACQUES, *Les Curateurs des cités dans l'Occident romain de Trajan à Gallien*, Nouvelles Éditions latines, Paris, 1983.
36. Jean-Baptiste VIDALOU, *Être forêts. Habiter des territoires en lutte*, Zones, Paris, 2017.
37. Jean-Philippe CÉNAT, « Les fonctions de maréchal général des logis à l'époque de Louis XIV », *Revue historique des armées*, n° 257, 2009.
38. Jean-Philippe CÉNAT, « De la guerre de siège à la guerre de mouvement : une révolution logistique à l'époque de la Révolution et de l'Empire ? », *Annales historiques de la Révolution française*, n° 348, 2007, p. 101-115.

moins dépendantes de « magasins » de ravitaillement fixes. Ce qui coûta cher à Napoléon lors de la campagne de Russie, au cours de laquelle il n'était pas possible de compter sur la nourriture locale étant donné la pauvreté des régions traversées. Pour tenir compte de ces évolutions et mieux les étudier, Jomini proposa de distinguer l'ancienne logistique – celle des « maréchaux généraux des logis » –, qui était en charge des détails d'exécution des ordres de l'état-major, de la nouvelle, qui devait devenir « rien moins que la science d'application de toutes les sciences militaires ». La logistique, conceptualisée progressivement à partir du XVIe siècle, a donc accompagné l'évolution des pratiques militaires, depuis la guerre de siège, étroitement dépendante de magasins de ravitaillement stables, jusqu'à la guerre de mouvement, fondée sur un approvisionnement mobile et s'appuyant sur la prédation des territoires occupés [39].

Si l'usage du terme est resté cantonné pendant plusieurs siècles aux affaires militaires, cela a brutalement changé entre la fin des années 1940 et le milieu des années 1960 aux États-Unis, avec l'emploi de plus en plus systématique de la notion de logistique pour désigner des situations « civiles », industrielles et commerciales, comme l'indique la publication des premiers articles et manuels de « distribution physique » et de logistique au cours de cette période [40]. En 1964, un professeur de marketing constate : « Le terme “logistique”, dont l'usage est aujourd'hui répandu, trouve son origine dans le domaine militaire et a été plus récemment adopté par le secteur privé de l'économie où il est associé à l'organisation de la distribution physique des biens [41]. » Plusieurs raisons expliquent ce glissement. Il a partie liée au succès de la logistique militaire pendant la guerre, et à l'expérience de la « logistique civile » provoquée par la mobilisation de l'appareil écono-

39. Martin VAN CREVELD, *Supplying War. Logistics from Wallenstein to Patton*, Cambridge University Press, Cambridge, 1977.

40. R. Neil SOUTHERN, « Historical perspective of the logistics and supply chain management discipline », *Transportation Journal*, vol. 50, n° 1, 2011, p. 53-64.

41. James G. OC, « Logistics and physical distribution management in the military », *Transportation Journal*, vol. 4, n° 2, 1964, p. 12-19.

mique et industriel pour soutenir l'effort national. Il résulte aussi des circulations et requalifications d'ingénieurs impliqués dans l'effort de guerre vers le monde industriel et commercial à l'issue du conflit. Il est lié au contexte plus général de développement des financements militaires de la recherche dans l'après-guerre. Mais la raison principale de cette irruption de la logistique dans le monde du management, c'est qu'elle a été placée au cœur d'un projet à la fois scientifique, économique et politique déterminant pendant la guerre froide : celui de la « recherche opérationnelle ».

L'effort de guerre américain a mobilisé entre 1941 et 1945 un grand nombre d'ingénieurs, de scientifiques, d'économistes. À cette lumière, la « recherche opérationnelle » est une conséquence directe de l'enrôlement des sciences dans la guerre. Ce domaine de recherche appliquée et interdisciplinaire vise à produire des connaissances permettant d'appuyer une décision *optimale* dans une situation contrainte par des paramètres identifiés – une situation typique par temps de guerre. À qui et comment allouer des munitions avec le plus d'efficacité ? Où positionner des navires de guerre et des sous-marins pour maximiser l'impact de la flotte ? Comment organiser les emplois du temps du personnel militaire pour mobiliser le plus de personnes tout en ménageant un temps de récupération optimal ? La formalisation de ces questions a mobilisé plusieurs centaines d'ingénieurs et d'économistes durant la Seconde Guerre mondiale et a conduit à l'élaboration d'outils visant à rationaliser les processus, comme la « programmation linéaire » ou l'« analyse d'activités », le plus souvent avec l'aide de l'informatique naissante. George Dantzig, l'inventeur de la programmation linéaire, a par exemple posé les bases de cette méthode de calcul alors qu'il travaillait au sein du groupe de contrôle statistique de l'US Air Force. Certains des plus grands esprits de l'époque, dont Tjalling Koopmans – qui recevra le « prix Nobel » d'économie en 1975 –, consacraient leurs efforts à remplir des cargos. Pendant la guerre, Koopmans, qui travaillait pour la British Merchant Shipping Mission à Washington, s'était demandé comment livrer une quantité donnée de fournitures avec un nombre minimal de navires – un questionnement qui l'avait conduit à formaliser une méthode de programmation et de planification novatrice. Au même moment, Melvin Salveson, l'un des futurs fondateurs de l'Institute of Management Science, qui jouera un rôle dans le rapprochement entre logistique, science informatique et management, s'occupait de la maintenance de la flotte sous-marine américaine – une tâche qui impliquait d'organiser la production et l'acheminement de pas moins de 60 000 pièces de rechange [42] !

À la fin du conflit, le retour à la vie civile ne s'est pas soldé par l'abandon des ambitions nourries en temps de guerre – du moins pas en ce qui concernait la recherche opérationnelle, que certains ont tenté d'appliquer à tous les domaines de la vie. Philip Morse, physicien au Massachusetts Institute of Technology (MIT) et grand promoteur de ce courant, expliquait par exemple en 1953 : « Les techniques de recherche opérationnelle ont été développées à des fins militaires, mais elles présentent un potentiel qui commence à peine à être exploité pour régler des problèmes industriels [43]. » Il suffisait selon lui de parier sur la grande diversité des champs d'application des modèles mathématiques : « On dirait qu'un monde sépare les avions, les navires, les sous-marins militaires d'un côté et les activités commerciales et industrielles de l'autre. Mais l'utilité des modèles mathématiques provient justement de leur champ d'application très large [44]. » Morse était loin d'être un prêcheur isolé, et les promoteurs de la recherche opérationnelle venaient d'horizons variés. Des universités prestigieuses comme le MIT aux organisations de recherche militaire comme la RAND Corporation, en passant par l'US Air Force, la Navy ou de grandes entreprises privées, nombreux étaient les artisans de la cause de la recherche opérationnelle. L'enjeu de mobilisation sociale soulevé par la guerre froide était tel qu'il s'agissait de compter sur toutes les

42. Melvin E. SALVESON, « The Institute of management sciences : a prehistory and commentary on the occasion of TIMS' 40th anniversary », *Interfaces*, vol. 27, n° 3, 1997, p. 74-85.
43. Philip M. MORSE, « Trends in operations research », *Journal of the Operations Research Society of America*, vol. 1, n° 4, 1953, p. 159-165.
44. Philip M. MORSE, « Operations research », *Communications on Pure and Applied Mathematics*, vol. 8, 1955, p. 1-12.

forces, militaires et marchandes, pour triompher dans un nouveau type de conflit. Et les techniques mathématiques promettaient une contribution simultanée sur différents fronts – en tant qu'outils de planification organisationnels, d'efficacité industrielle, mais aussi comme armes de guerre économique, ainsi que l'expliqua Dantzig au cours d'une réunion en 1948 : « Les techniques que nous développons peuvent être appliquées à la planification dans n'importe quelle structure organisationnelle, comme l'Air Force, les autres établissements militaires, l'économie nationale (par exemple pour la mobilisation industrielle) et face à des économies potentiellement ennemies (par exemple pour trouver les meilleurs moyens de les neutraliser)[45]. » Ce travail de mobilisation allait avoir pour conséquence un croisement original entre sciences mathématiques, sciences du management et logistique.

La logistique était l'un des champs d'application privilégiés de la recherche opérationnelle. Le projet SCOOP (*Project for the Scientific Computation of Optimum Programs*) est révélateur de ces liens entre impératifs militaires, logistique et recherche opérationnelle. Il a été créé en 1947 dans le cadre de l'informatisation des services de l'US Air Force qui l'hébergeait. L'équipe initiale comprenait notamment George Dantzig, l'inventeur de la programmation linéaire, et Murray Geisler, un statisticien et mathématicien qui a continué à travailler par la suite avec Dantzig à la RAND Corporation où il a dirigé le Logistics Laboratory. L'une des premières tâches assignées à SCOOP était directement liée à la guerre froide. En 1948-1949, pendant le blocus de Berlin, l'opération Victuailles mobilisait des milliers d'avions américains et britanniques pour acheminer toutes sortes de fournitures (nourriture, combustible) à l'ouest de la ville. Le rythme de ce pont aérien était si soutenu que, lorsqu'il battait son plein, il nécessitait jusqu'à un décollage par minute. Le coût très élevé de l'opération rendait cruciaux le contrôle des dépenses et la maximisation du rendement, ce que le commandement américain pensait pouvoir réaliser au

45. Cité par Paul ERICKSON *et al.*, *How Reason Almost Lost Its Mind. The Strange Career of Cold War Rationality*, University of Chicago Press, Chicago, 2013, p. 63.

moyen d'une modélisation mathématique et du recours à l'outil informatique. Dans ce cadre, l'équipe de SCOOP était en charge d'appuyer l'organisation des vols en proposant un programme de rationalisation. À l'aide de méthodes mathématiques et d'ordinateurs, il fallait optimiser la planification pour permettre le meilleur usage des personnels, du matériel et de l'allocation des fournitures [46]. En réalité, la contribution de SCOOP aux tâches de planification a été très faible, car les paramètres à prendre en compte étaient trop nombreux pour les outils informatiques de l'époque, qui ne permettaient pas de gérer une telle quantité de données. En revanche, l'expérience a été cruciale pour contribuer à façonner une approche mathématique et informatique des opérations logistiques – et elle illustre à merveille l'ambition managériale démesurée qui a porté la rencontre de la logistique et de la science.

Par la suite, les recherches d'une partie du groupe se sont poursuivies au sein du Logistics Systems Laboratory de la RAND Corporation, à l'origine de nombreuses simulations de planification pour l'US Air Force : des expériences sur la demande de pièces détachées conduisant à formaliser les pratiques d'inventaire, sur le stockage et l'acheminement de matériel vers des sites déterminés tout en limitant les ruptures d'approvisionnement, sur la priorisation des pratiques de maintenance et de réparation, sur la mise au rebut du matériel. Et la marine n'était pas en reste : la branche Logistique de l'Office of Naval Research, dirigée par Fred Rigby sous la houlette de la mathématicienne Mina Rees, publiait un journal de premier plan pour la recherche opérationnelle (le *Naval Research Logistics Quarterly*) et finançait des programmes logistiques dans les universités de Princeton et George Washington : les *Logistics Research Projects*. Ceux-ci ont abouti à la création de certains des premiers ordinateurs : le *logistic computer*, puis Whirlwind 1 et 2 [47]. Les financements importants consacrés à la

46. Paul ERICKSON *et al.*, *How Reason Almost Lost its Mind*, *op. cit.*, chapitre 2.
47. Mina REES, « The computing program of the Office of Naval Research, 1946-1953 », *Communications of the Association for Computing Machinery*, vol. 30, n° 10, 1987, p. 831-848 ; Amy DAHAN, « L'essor des mathématiques appliquées aux États-Unis : l'impact de la Seconde Guerre mondiale », *Revue d'histoire des mathématiques*, n° 2,

thématique ont donc permis de mettre en œuvre les projets les plus appliqués comme les plus fondamentaux. Toutes ces études ont participé d'une « science » logistique bardée de modèles mathématiques et d'outils informatiques.

Cette nouvelle science logistique n'a pas tardé à frayer avec le monde du *business*. La rencontre apparaît clairement à travers la trajectoire de certains acteurs de l'époque, comme Murray Geisler, directeur du *Logistics Department Research Program* de la RAND Corporation au tout début des années 1960 et président de l'Institute of Management Science en 1961. Elle a été encouragée par des institutions comme la Sloan School of Management du MIT, ou encore par des institutions étatiques comme le National Research Council Committee on Operational Research, qui avait pour vocation d'orienter la recherche opérationnelle vers l'industrie [48]. Elle a aussi été poussée par des acteurs de premier plan du monde de la recherche, comme l'économiste Oskar Morgenstern, coauteur avec John von Neumann de *La Théorie des jeux* [49]. Dès les années 1950, Morgenstern appelait au rapprochement de la logistique et du monde de l'entreprise : « Il existe une similarité immédiate entre la logistique militaire et la logistique commerciale ou industrielle, notamment dans l'organisation de la production à la chaîne. Il y a aussi des différences : les problèmes rencontrés dans le monde militaire sont d'une taille beaucoup plus grande que ceux du monde de l'entreprise. Néanmoins, il y a beaucoup à apprendre de la comparaison de ces domaines, qui manquent tous deux d'une théorie et d'une approche plus systématique de la logistique [50]. » Pour lui, ce virage était soutenu idéologiquement par une croyance dans les bienfaits du marché : la logistique appliquée

1996, p. 149-213. Sur la RAND, voir aussi Philip MIROWSKI, *Machine Dreams. Economics Becomes a Cyborg Science*, Cambridge University Press, Cambridge, 2002.

48. William THOMAS et Lambert WILLIAMS, « The epistemologies of non-forecasting simulations, Part I : Industrial dynamics and management pedagogy at MIT », *Science in Context*, vol. 22, 2009, p. 245-270.

49. Oskar MORGENSTERN et John VON NEUMANN, *Theory of Games and Economic Behavior*, Princeton University Press, Princeton, 1944.

50. Oskar MORGENSTERN, « Note on the formulation of the theory of logistics », *Naval Research Logistics Quarterly*, vol. 2, n° 3, 1955, p. 129-136.

au monde de l'entreprise serait plus simple parce que le marché produit une organisation composite d'entités avec une forte circulation de l'information, une grande capacité à récupérer après un choc, une plus grande rapidité de transition d'un état de faible activité à un état de forte activité.

Mais les promoteurs les plus actifs du rapprochement entre la logistique et le monde marchand ont sans doute été les acteurs du monde de l'entreprise. Très tôt après la guerre, des firmes privées dans le champ de la recherche opérationnelle se sont engagées dans cette voie. L'agence de conseil Arthur D. Little, proche des centres de recherches du MIT, a joué un rôle pionnier à cet égard. L'un des premiers contrats importants en recherche opérationnelle d'Arthur D. Little portait sur des problèmes logistiques rencontrés par la firme Johnson & Johnson, qui cherchait à savoir quels produits manufacturer, et à quelle période de l'année, pour optimiser l'emploi de main-d'œuvre et ne pas souffrir de ruptures de stock dans les moments où la demande était plus élevée. Il en a résulté un travail de formalisation sur la gestion des stocks ainsi que sur l'inventaire, et une appropriation plus générale de la « science » logistique par le monde de l'entreprise[51]. Au tournant de l'après-guerre, la logistique était donc en passe de s'imposer comme une science indispensable du gouvernement – de l'armée aux firmes privées.

Une conséquence majeure de cette évolution de la logistique a été sa « scientificisation » et sa technicisation. Un événement symptomatique à cet égard a été l'organisation par la RAND Corporation, en Californie, en 1950, de la « Conférence logistique » à laquelle ont participé notamment Kenneth Arrow (« prix Nobel » d'économie, 1972) et Oskar Morgenstern. L'article présenté par Arrow portait sur la politique optimale d'inventaire tandis que Morgenstern défendait l'importance de formuler une théorie

51. John F. Magee, « Operations Research at Arthur D. Little, Inc. : the early years », *Operations Research*, vol. 50, n° 1, numéro du 50e anniversaire, 2002, p. 149-153 ; William Thomas, « Operations Research vis-à-vis management at Arthur D. Little and the Massachusetts Institute of Technology in the 1950s », *Business History Review*, vol. 86, 2012, p. 99-122.

générale de la logistique. La technicisation de la logistique est apparue quant à elle dans le recours des plus grandes compagnies maritimes aux services de spécialistes de la recherche opérationnelle en vue de conteneuriser leur flotte. Au milieu des années 1950, la compagnie de transport Matson recruta par exemple un spécialiste de la recherche opérationnelle, Foster Weldon, dont l'équipe créait des simulations informatiques sur IBM 704 – une machine dont le temps de location coûtait plusieurs centaines de dollars par minute. À partir du paramétrage des coûts de travail dans les ports, de l'utilisation des quais et des grues, de la cargaison des vaisseaux, Weldon et ses collègues cherchaient par exemple à établir si un navire Matson destiné à Hawaii devait faire escale dans les différents ports de l'archipel ou au contraire transférer sa cargaison sur des bateaux plus petits depuis le port principal[52].

Cette scientificisation a posé les bases d'une modélisation des phénomènes logistiques au moyen d'une approche systémique, comme en témoigne la contribution de Jay Forrester, grand-père du *supply-chain management*. Celui-ci, né en 1918 dans le Nebraska, aurait montré très tôt un intérêt pour l'ingénierie et les problèmes techniques. On raconte même qu'il a fabriqué un générateur fonctionnant à l'énergie éolienne à l'âge de 14 ans. Après ses études au MIT, il a travaillé pendant la guerre sur la stabilité des avions. À la fin du conflit, il a poursuivi des recherches sur les questions de surveillance de l'espace aérien. Ces projets l'ont conduit à contribuer au domaine naissant de l'informatique. Il serait notamment l'un des membres de l'équipe à l'origine du développement de Whirlwind 1 en lien avec l'Office of Naval Research. S'éloignant peu à peu du monde de la recherche militaire, Forrester s'est alors tourné vers un autre domaine d'avenir : celui de l'entreprise. Dans le courant des années 1950, il a intégré la Sloan Management School pour appliquer ses recherches informatiques au management. C'est là qu'il a fondé, sous l'influence de la cybernétique, la « dynamique des systèmes », qui appliquait l'outil informatique à l'étude des situations d'analyse et de prise de décision

52. Marc LEVINSON, *The Box*, *op. cit.*, p. 59-67.

dans des systèmes complexes confrontés à un environnement dynamique[53].

La base de la théorie de Forrester consiste en un modèle composé des éléments suivants : un système (par exemple une entreprise) délimité de son environnement, des flux intrants et extrants par rapport au système affectant le niveau des stocks, des variables auxiliaires et un canal d'information. Les boucles rétroactives de *feedback* jouent un rôle important dans le rééquilibrage du système au fil du temps. Le travail de Forrester sur les dynamiques industrielles compte ainsi parmi les premières modélisations du fonctionnement de la chaîne d'approvisionnement[54]. Cette approche, qui place au cœur de l'entreprise la gestion des flux, permettra une mathématisation et une informatisation du traitement des données et de la prise de décision. Elle insiste sur l'importance de la centralisation et du calcul dans la planification. Elle sera ensuite prolongée par le *materials requirements planning* (MRP), qui consiste à gérer la production en fonction des ressources (financières, humaines, techniques) à partir d'un mélange d'approche logicielle et de base de données. L'ingénieur Joseph Orlicky, qui a thématisé cette approche en 1975, observe : « La planification des besoins (*materials requirements planning*) est devenue un nouveau mode de vie dans le management de la production et les pratiques d'inventaire. Elle a transformé les méthodes plus anciennes et en particulier le contrôle statistique

53. Jay W. FORRESTER, « Industrial dynamics. A major breakthrough for decision makers », *Harvard Business Review*, vol. 36, n° 4, 1958, p. 37-66 ; Jay FORRESTER, *Industrial Dynamics*, MIT Press, Cambridge, 1961. Sur les sciences de la complexité, voir Fabrizio LI VIGNI, « Les systèmes complexes et la digitalisation des sciences. Histoire et sociologie des instituts de la complexité aux États-Unis et en France », thèse de doctorat, EHESS, 2018.

54. Pour l'argument de cet ouvrage, il est notable que Forrester va progressivement élargir le champ de ses travaux, accordant initialement son attention à l'entreprise pour s'intéresser ensuite à la ville, puis au monde. Cela le conduira notamment à être en contact avec le Club de Rome au moment de la publication du rapport *Limits to Growth*. Michel ARMATTE et Amy DAHAN, « Modèles et modélisations, 1950-2000 : nouvelles pratiques, nouveaux enjeux », *Revue d'histoire des sciences*, vol. 57, n° 2, 2004, p. 243-303 ; Élodie VIEILLE BLANCHARD, « 1. Croissance ou stabilité ? L'entreprise du Club de Rome et le débat autour des modèles », *in* Amy DAHAN, *Les Modèles du futur*, La Découverte, Paris, 2007, p. 19-43.

des stocks[55]. » Le MRP d'Orlicky constitue d'une certaine façon l'ancêtre des progiciels de gestion intégrée qui sont aujourd'hui une pièce maîtresse du management des entreprises.

LES NOUVELLES CHAÎNES DU MARCHÉ

Les années de guerre froide ont transformé en profondeur les savoirs de la logistique et ont consacré cette dernière comme une véritable science de gouvernement de l'entreprise. Par extension, elle apparaît aujourd'hui comme l'un des principaux vecteurs de conceptualisation de l'organisation et du marché dans un contexte de libre-échange mondialisé. De ce point de vue, la logistique contemporaine ne recouvre pas seulement un ensemble de personnes, d'outils, d'activités ; elle ne se résume pas non plus aux transformations néolibérales des marchés mondialisés dans les années 1980-1990. Elle recouvre une forme de pensée, un principe de conceptualisation du monde marchand, une discipline du gouvernement des flux de biens et de matières. Elle témoigne d'un courant du libéralisme économique, d'une approche de l'économie et du marché, dont on a encore assez peu mesuré les enjeux.

Selon Deborah Cowen, l'origine militaire de la logistique et sa continuité commerciale indiquent au moins une chose : « L'histoire militaire de la logistique nous rappelle qu'il ne s'agit pas seulement de la manière dont les choses circulent, mais aussi d'une certaine façon de maintenir la vie[56]. » Il est en effet difficile d'ignorer l'influence de cette origine militaire, qui a correspondu à un immense travail de mobilisation de la société au cours de la guerre froide, comme on a pu le lire chez le théoricien militaire Henry Eccles : « Le processus logistique recouvre à la fois la dimension militaire de l'économie et la dimension économique des opérations militaires[57]. » Dans cette perspective, la démilitarisation de la logistique a été rendue possible en partie par une militarisa-

55. Joseph ORLICKY, *Materials Requirements Planning*, McGraw-Hill Book Co., New York, 1975.
56. Deborah COWEN, *The Deadly Life of Logistics*, *op. cit.*
57. Henry E. ECCLES, *Basic Elements of Naval Logistics*, intervention au Naval War College, 8 septembre 1949.

tion de la société. Mais la pensée logistique contemporaine ne se réduit pas à sa version militaire originelle. Un glissement s'est bel et bien opéré, qui en marque la spécificité.

Cette pensée de l'entreprise et du marché passe avant tout par l'infrastructure et par la matérialité des intrants et des extrants. La chaîne logistique est ainsi définie comme « l'ensemble des étapes impliquées, directement ou indirectement, dans l'exécution de la commande du consommateur, ou le réseau de fabricants et de fournisseurs de services qui travaillent ensemble pour convertir et transformer des matières premières en biens propres à la consommation d'un utilisateur final ». Cette matérialité n'est pas réservée aux marchandises, car la chaîne d'approvisionnement « n'est pas seulement un produit qui se déplace du fabricant au distributeur, puis au détaillant et au consommateur. C'est aussi le flux d'informations, de capital et de produits qui circulent dans les deux directions de cette chaîne [58] ». En cela, la logistique se distingue d'autres approches du management et de l'économie, dont l'attention est plus sensible à la nature juridique des firmes (l'entreprise comme nœud de contrats chez Michael Jensen et William Meckling [59]), à la redéfinition économique de l'expérience humaine (la théorie du capital humain chez Gary Becker [60]) ou au rôle moral de l'entrepreneuriat (la destruction créatrice chez Joseph Schumpeter). Pour la logistique, l'entreprise est avant tout une unité qui traite des substances entrantes pour en faire des produits finis, mettant ainsi en relation une demande avec une offre. Par extension, le marché est le lieu d'échange et d'ajustement de l'ensemble des flux de substances susceptibles d'être échangés économiquement. Et c'est bien cette pensée logistique, malgré le rôle mineur qu'on lui a longtemps attribué, qui se trouve aujourd'hui au cœur

58. Lei LEI *et al.*, *Managing Supply Chain Operation*, World Scientific Publishing Company, Londres, 2017, p. 3 ; voir aussi Reza ZANJIRANI FARAHANI *et al.*, *Supply Chain and Logistics in National, International and Governmental Environment*, Springer Verlag, Berlin, 2009.

59. Grégoire CHAMAYOU, *La Société ingouvernable. Une généalogie du libéralisme autoritaire*, La Fabrique, Paris, 2018.

60. Pierre DARDOT et Christian LAVAL, *La Nouvelle Raison du monde. Essai sur la société néolibérale*, La Découverte, Paris, 2009.

des échanges économiques transnationaux et des circulations mondiales des marchandises.

Le second élément caractéristique de la pensée logistique, en particulier tel qu'elle a été définie par la recherche opérationnelle, procède de l'objectif d'« optimisation ». Ainsi que le soulignent les historiens des sciences Michel Armatte et Amy Dahan : « Optimiser la défense par la meilleure utilisation des moyens disponibles avait été la préoccupation de la recherche opérationnelle et de la logistique du temps de guerre ; maximiser des utilités ou des bénéfices, minimiser des risques ou des coûts, optimiser des distributions de ressources sont les objectifs de l'après-guerre. Le concept d'optimisation est présent dans tous les résultats ou théories de ce champ [61]. » La logistique vise à identifier la manière la plus efficace de gérer des flux. Elle ne prend aucune position, ni sur la nature des flux, ni sur celle des opérations qui en organisent la circulation. Elle se propose uniquement de rendre ces opérations optimales afin de maximiser l'efficacité de l'allocation dans le temps le plus réduit possible. La pensée logistique est donc une pensée procédurale, appuyée sur une forme de rationalité marchande singulière car elle n'est pas simplement déterminée par un signal prix. En effet, pour les fondateurs de la pensée logistique que sont Dantzig et Koopmans, une attribution rationnelle peut être envisagée même en dehors d'un fonctionnement purement marchand [62]. Pour ces auteurs, l'économisation de la société ne passe donc pas simplement par sa marchandisation, mais par la rationalisation de ses mécanismes d'allocation et de planification. Dès lors, un enjeu crucial consiste à déterminer ce qui fonde la rationalité logistique en permettant de maximiser l'intérêt collectif – un enjeu qu'on observe par exemple dans l'opposition d'une planification à long terme et d'un fonctionnement en flux tendus. En cela, la pensée logistique est un utilitarisme dont la portée économique consiste en premier lieu à maximiser les effets de la circulation des flux.

61. Michel ARMATTE et Amy DAHAN, « Modèles et modélisations, 1950-2000 : nouvelles pratiques, nouveaux enjeux », art. cit., p. 257.

62. Paul ERICKSON *et al.*, *How Reason Almost Lost its Mind*, *op. cit.*, chapitre 2.

Flux

C'est à l'édification d'un monde étrange qu'a conduit depuis soixante-dix ans l'expansion des routes marchandes. Un royaume de ports, de navires gigantesques, de hangars, de conteneurs standardisés. Royaume de palettes et de puces de traçabilité, de logiciels de gestion intégrée et de grues gargantuesques. Royaume de l'atomisation de la production, dans lequel le travail s'émiette et les travailleurs s'épuisent à mettre en mouvement des marchandises. Royaume des savoirs également, bâti sur des théories de l'optimisation de la matière, de la réduction de l'espace, de la maximisation de la vitesse, ou de l'essorage des ressources. Royaume de principes enfin : le libre-échange pour religion, le juste-à-temps pour credo, la centralisation et la planification pour méthode, l'internationalisation du marché comme objectif. Au fondement de l'existence de ce royaume, les flux. Ils sont les combustibles qui nourrissent ses besoins, les objets sur lesquels portent son désir et son pouvoir, les instruments par lesquels il exerce son autorité. Nous vivons dans un royaume de flux.

2. TOUT EST LOGISTIQUE

La prolifération des objets dans notre vie quotidienne met en scène un ballet de ressources et de substances. Certaines, que nous voyons, comme l'eau qui s'écoule du robinet ou la pâte ligneuse qui compose les pages de nos livres et les feuilles qui s'échappent bruyamment de l'imprimante. D'autres, infiniment nombreuses, qui restent invisibles, comme les microparticules de pollution, les virus qui s'élancent de corps en corps, les radiations qui nous tuent à petit feu. Au-dessus d'elles, tout comme en elles, la logistique semble inscrire la loi de son règne. Mais quelle est l'étendue du royaume ? Il serait tentant de considérer que la logistique, appliquée à l'approvisionnement en biens et en matières premières, concerne exclusivement le monde des marchandises, c'est-à-dire celui des objets. Une telle circonscription permettrait un partage commode entre marché et société. À la logistique reviendrait ainsi la tâche d'ordonner le flux des choses ; à la politique, celui des gens, celui des idées. D'un règne, l'autre : en abandonnant l'administration de la circulation des objets aux opérateurs de la logistique, la politique pourrait alors se consacrer pleinement à ordonner la société des humains. Certes, les petits tracas techniques auxquels s'affronte l'organisation des circulations de matière et de marchandises seraient sans commune mesure avec les affres dans lesquelles plonge irrémédiablement la passion pour l'harmonie des conduites. Mais au moins conserverait-on une catégorisation bien pratique, fondée sur des siècles d'efforts d'opposition entre ce qui relève de l'humanité et ce qui en est tenu à l'écart[1]. Il en

1. Bruno LATOUR, *Nous n'avons jamais été modernes*, La Découverte, Paris, 1991 ; Philippe DESCOLA, *Par-delà nature et culture*, Gallimard, Paris, 2005.

va cependant autrement, et la logistique semble nouée à une conception plus diffuse, sinon plus générale, de l'organisation des circulations humaines et non humaines. À bien y regarder, en effet, les principes qui la régissent – à commencer par celui-ci : « gérer les flux » – sont mis en œuvre dans des domaines divers, et de façon systématique, loin de s'arrêter aux frontières du seul monde des objets. Ne faisons-nous pas tous et toutes l'expérience de nous trouver définis comme éléments d'un flux : en attendant devant un automate bancaire, en calculant la durée de notre trajet pour arriver à l'heure à un rendez-vous, en appliquant sagement notre billet contre le scanner des portiques automatiques de certains quais de gare pour pouvoir monter à bord d'un train ?

Flux de migrants filtrés aux frontières, flux de patients acheminés dans les institutions de santé, flux de bétail pucé, flux d'étudiants d'un établissement à l'autre, flux de données transmises d'ordinateur en clé USB et de nuage numérique en disque dur externe, flux de travailleurs surveillés par la pointeuse, flux de festivaliers menottés de leur bracelet à puce électronique. Serait-ce à dire que la rationalité logistique a sérieusement débordé du monde des objets, auquel on pouvait la croire cantonnée ? À moins que ce ne soient les objets qui, aujourd'hui, prennent des contours bien différents de ceux qu'on leur prêtait un peu naïvement – ils seraient à la fois plus humains et plus symboliques qu'on ne le reconnaît en les représentant comme les habitants d'un monde inerte et pesamment matériel ? Peut-être, encore, est-ce notre conception de la marchandise qui est à revoir, cette fois-ci sans distinction empressée entre le monde des choses susceptibles d'être marchandisées et celui des êtres, par essence hors d'appropriation et hors d'industrialisation ? Une manière de reprendre cette interrogation serait de passer en revue certaines des entités que la pensée logistique enrôle dans ses manœuvres disciplinaires, comme autant d'éléments d'un flux à dompter : les sujets de la logistique.

LOGISTIQUE HUMAINE

Le débordement de la rationalité logistique au-delà des objets apparaît nettement dans la gestion des trajectoires des personnes. Celle-ci s'applique par exemple aux trajectoires spatiales (comme dans le cas des personnes en migration), aux expériences du soin (comme dans le cas des patients hospitalisés) ou encore aux parcours éducatifs et professionnels (comme dans le cas des populations étudiantes). La gestion des migrations a été l'un de ces domaines privilégiés du déploiement de la pensée logistique. Le déchaînement de la rhétorique nationaliste et xénophobe, le discours de crise visant à légitimer tous les manquements au droit et à la démocratie ne doivent pas masquer les transformations structurelles, inscrites dans un mouvement de long terme, que les politiques récentes n'ont fait que renforcer. Un élément central des politiques migratoires européennes est en effet la mise en œuvre d'une approche des populations en termes de flux et de stocks – une approche logistique. L'espace Schengen, comme n'ont pas manqué de le souligner de nombreux commentateurs, est traversé par une tension constitutive qui en fait à la fois une zone de stimulation des circulations et un site de contrôle de plus en plus quadrillé. Un ressort de la surveillance est la « sécurité technologique » fondée sur la biométrie et l'informatisation des données des individus, qui a connu une série de développements dans les années 1990, bien avant les attentats du 11 septembre 2001 [2]. Cette logique permet une surveillance à distance et préventive, considérée plus efficace que la logique de filtrage aux frontières – bien que l'une n'empêche pas l'autre. On a vu d'ailleurs comment les innovations les plus récentes en matière de politique migratoire mêlent, au moyen de technologies complémentaires, les deux aspects de l'identification et de la sélection à l'entrée du territoire et du contrôle des circulations à l'intérieur de celui-ci.

L'une des manifestations de cette logique au cours des dernières années est l'approche dite *hotspot*, mise en œuvre en Italie et en Grèce, par exemple sur les îles de Lampedusa et Lesbos. Celle-ci consiste à assurer, dès l'arrivée sur le territoire européen, l'enregistrement et l'accueil des étrangers dans des camps en vue d'opérer leur « relocalisation » sur le territoire. Une caractéristique

2. Didier BIGO, « La politique européenne de contrôle aux frontières. Resituer les enjeux, changer l'imaginaire politique », *Savoir/Agir*, n° 2, 2016, p. 13-19.

des *hotspots* est qu'ils ne consistent pas en de simples centres de rétention ; les *hotspots* sont en effet conçus comme des espaces d'enregistrement et de transfert. À l'issue de périodes plus ou moins longues passées dans un *hotspot*, les populations migrantes sont déplacées vers d'autres centres d'accueil depuis lesquels elles sont contrôlées, au moyen de leurs données personnelles enregistrées par les autorités. Ceci matérialise un régime de « rétention par la mobilité [3] » et renforce le contrôle de la mobilité des personnes non pas par l'interdiction pure et simple, ou par la mise en arrêt, mais par des interventions qui visent à orienter le mouvement dans une direction déterminée, tout en exerçant un contrôle permanent sur les déplacements au moyen des données d'identification. La gestion des flux de personnes est ainsi une caractéristique essentielle des politiques migratoires, qui interviennent sur les trajectoires en tant que celles-ci relèvent d'un flux que l'Union aurait à « traiter » ou à « gérer ». Ce mode de gestion met en lumière que la pensée logistique exerce un contrôle sur le mouvement, sans viser à y mettre fin, en le stimulant, en l'aiguillant, en le quadrillant.

Alors que les politiques migratoires soulignent le caractère policier d'une conception logistique des déplacements humains territorialisés, et en révèlent une facette particulièrement odieuse dans la mesure où elles portent sur des personnes parmi les plus précaires, il faut bien comprendre que la pensée logistique a participé à la redéfinition des politiques publiques de façon générale. Le cas de l'hôpital est parlant à ce sujet, puisque ce sont à la fois le personnel et les patients qui sont considérés comme des flux parmi d'autres (notamment des flux de médicaments et de matériel médical, ou ceux, de plus en plus ténus, d'argent). Le sociologue Pierre-André Juven et ses collègues ont montré comment la « raison gestionnaire » s'est imposée au sein des hôpitaux publics.

3. Martina TAZZIOLI, « Containment through mobility : migrants' spatial disobediences and the reshaping of control through the hotspot system in the Mediterranean », *Journal of Ethnic and Migration Studies*, vol. 44, n° 16, 2017, p. 2764-2779 ; voir aussi Annalisa PELIZZA, « Enacting Europe : migrant registration and identification as co-construction of individuals and polities », *Science, Technology, & Human Values*, vol. 45, n° 2, 2020, p. 262-288.

Ils reviennent sur l'émergence de cette raison à travers différents mots d'ordre depuis les années 1980, comme la nécessité de mesurer la production hospitalière ou le besoin d'optimiser le rapport entre allocation de ressources et résultats. Cette transformation s'est appuyée sur le passage au crible de l'organisation du travail pour mieux y distinguer les activités productives. Par exemple, en cessant de considérer *a priori* la relation du temps de présence et du temps productif comme une relation d'équivalence ; surtout, en poursuivant l'objectif d'optimiser le temps de travail par la flexibilisation des activités. Ceci a impliqué de mesurer et de segmenter les activités de soin pour aboutir à une meilleure compréhension des tâches accomplies en une journée, le découpage obtenu permettant en retour de les « répartir » en fonction des besoins. Bien sûr, une telle méthode ne tient pas compte des conditions d'exercice ou des contraintes extérieures, comme un ordinateur trop lent ou un patient qui aurait des besoins particuliers. Mais elle présente l'intérêt pour les gestionnaires de « détacher » les activités des personnes qui les exercent. Sur cette base, il devient possible d'administrer le travail à l'hôpital *strictement* en fonction des impératifs de gestion et non en fonction du personnel disponible.

Ce management public du soin est directement lié à l'idéologie logistique : « Rebaptisés “ressources”, les soignants deviennent interchangeables et sont rendus mobiles, attachés non plus à un service mais à un pôle regroupant plusieurs services – parfois sur plusieurs sites [4]. » Il n'y a pas là une simple analogie avec la pensée logistique : il s'agit bel et bien de concevoir les personnes comme « ressources » pour les rendre mobiles entre services et, partant, de maximiser leur utilité dans le système hospitalier. Cette approche s'accompagne de calculs savants et de diagrammes pour mesurer les besoins et adapter les postes de travail nécessaires en fonction de l'activité de la journée. Ceci conduit à la réorganisation complète du travail hospitalier,

4. Pierre-André JUVEN, Frédéric PIERRU et Fanny VINCENT, *La Casse du siècle. À propos des réformes de l'hôpital public*, Raisons d'agir, Paris, 2019, p. 62.

suivant le modèle aujourd'hui classique des flux de ressources traités par un système.

Comme en réponse à cette « fluidification » du personnel hospitalier, les patients aussi deviennent éléments de flux. La Haute Autorité de santé (HAS), dans ses recommandations sur la chirurgie ambulatoire adressées aux médecins et directeurs d'hôpitaux, les encourage par exemple à « optimiser les différents flux en leur appliquant des règles d'analyses et de logistiques éprouvées dans d'autres domaines d'activité (monde de l'industrie, etc.)[5] ». Rappelons, pour les lecteurs perdus face à ce charabia, que, oui, les « flux » dont il est question ici qualifient les patients. Mais l'injonction ne s'arrête pas là et, pour enfoncer le clou, l'Autorité poursuit : « Le monde industriel dispose depuis longtemps de techniques et de procédures rodées (comme la méthode *lean*), qui peuvent contribuer, lorsqu'elles sont adaptées à l'univers de l'Hôpital, à cette maîtrise des flux, en raccourcissant les circuits, éliminant les temps morts, réduisant les marges d'erreur et luttant contre le gaspillage. » Les savoirs et les concepts de la logistique sont explicitement mobilisés, par exemple lorsque l'Autorité propose à ses lecteurs de « se familiariser avec le concept de gestion des flux comme la mise en place d'un flux “au fil de l'eau”, de flux tirés ou le TAKT *time* ». Comme ce document l'indique, le « devenir flux » du personnel hospitalier s'accompagne du « devenir flux » des patients. Il s'agit d'optimiser la gestion de ces différents flux pour mieux maîtriser les dépenses. La rationalité économique à l'œuvre ne s'appuie pas simplement sur un réductionnisme qui ferait des hôpitaux des entreprises – même si c'est bien le cas. Il s'agit plus précisément d'un réductionnisme logistique : une fois l'hôpital défini comme une entreprise, on considère le personnel et les patients comme des intrants qu'il s'agit de gérer de façon optimale, en maîtrisant au mieux les flux.

5. HAS, *Ensemble pour le développement de la chirurgie ambulatoire*, Recommandations organisationnelles, mai 2013.

LOGISTIQUE DU VIVANT

Pour saisir plus complètement la portée de la pensée logistique, il faut cesser de considérer la gestion des flux comme une simple pratique d'organisation du transport, qu'il s'agisse de marchandises, de migrants ou de patients. En matière de transport, Bruno Latour nous a d'ailleurs prévenus : rien n'est jamais « simple ». Prendre sa voiture pour aller discuter chez une connaissance, ce n'est pas seulement se déplacer d'un point à un autre. À chaque trajet que l'on effectue, l'ensemble des actions nécessaires mettent en jeu tout un ordre, qu'on pourrait dire sociotechnique ou moralo-factuel. Et la ceinture de sécurité, le dos-d'âne, la ligne blanche sont autant les garants de notre moralité que les opérateurs de notre consentement à cet ordre [6]. De manière semblable, le déplacement d'un flux pétrolier le long d'un *pipeline* ne peut guère se résumer à une suite de coordonnées topographiques [7]. Ce n'est alors pas d'un mouvement isolé et abstrait que se préoccupe la pensée logistique ; la gestion des flux est engagée dans un effort de conceptualisation et d'intervention sur le monde social et naturel. Qu'on en juge par les liens de la logistique avec l'environnement – comment elle le conçoit, le rôle qu'elle lui attribue, la manière dont elle le transforme. Une première indication nous est donnée par la trajectoire de Jay Forrester, déjà évoqué plus haut, qui, après avoir appliqué sa théorie à l'entreprise, l'a étendue à l'échelle de la ville, puis au système-monde. Pour Forrester, la logistique ne s'arrête pas aux portes de l'entreprise, et la dynamique des systèmes qui la fonde épouse d'emblée une vocation planétaire.

La marque de cette conviction demeure visible jusque dans les tentatives de réforme du capitalisme auxquelles se prête la pensée logistique. Tel est le cas des connaissances produites dans l'évaluation des cycles de vie des marchandises. L'évaluation des cycles de vie (*life cycle assessment*), largement adoptée par l'indus-

6. Bruno LATOUR, « Where are the missing masses ? The sociology of a few mundane artifacts », *in* Wiebe E. BIJKER et John LAW (dir.), *Shaping Technology/Building Society. Studies in Sociotechnical Change*, MIT Press, Cambridge, 1992, p. 225-258.

7. Andrew BARRY, *Material Politics. Disputes Along the Pipeline*, Wiley-Blackwell, Chichester, 2013.

trie, la grande distribution et les agences de conseil qui les assistent, consiste à modéliser un produit comme un système caractérisé par ses interactions avec l'environnement. Sa production nécessite un certain nombre de flux intrants (des ressources naturelles), de même que sa fabrication et sa mise sur le marché entraînent des conséquences pour l'environnement. L'objectif affiché de l'évaluation des cycles de vie est de réduire ces flux pour favoriser des pratiques de production et de distribution plus « durables » ou « soutenables ». La géographe Susanne Freidberg rappelle que le courant de l'écologie des systèmes a joué un grand rôle dans l'émergence de ces approches à la fin des années 1960. L'étude la plus souvent évoquée par les professionnels du domaine, commanditée par Coca-Cola en 1969, avait pour modèle avoué les travaux sur les systèmes écologiques des frères Odum, qui eux-mêmes s'appuyaient sur les recherches fondatrices de Forrester [8]. Freidberg pointe les lacunes de ce type d'évaluation : du fait de la rareté des données accessibles et de l'influence des firmes dans la mise en forme des résultats, les rapports tournent le plus souvent à la simple légitimation des pratiques. Ce savoir *corporate* montre trop bien les limites d'une critique interne au monde industriel. Il n'en demeure pas moins que l'évaluation des cycles de vie formalise une conception en termes de flux des relations entre les produits, les firmes qui les produisent et leur environnement.

Cette tendance s'est également inscrite dans le passage d'une écologie des « ressources » à une écologie des « flux », ainsi que l'a montré l'historien Christophe Bonneuil en mettant en évidence les affinités de cette nouvelle approche avec le tournant néolibéral à la même période [9]. Requalifier l'environnement et les ressources naturelles comme des flux intrants et extrants n'est pas sans conséquences. Un exemple : la pratique de « translocation » en vigueur

8. Susanne FREIDBERG, « It's complicated : corporate sustainability and the uneasiness of life cycle assessment », *Science as Culture*, vol. 24, n° 2, 2014 ; Magnus RAMAGE et Karen SHIPP, *Systems Thinkers*, Springer Verlag, Berlin, 2009.

9. Christophe BONNEUIL, « Une nature liquide ? Les discours de la biodiversité dans le nouvel esprit du capitalisme », *in* Frédéric THOMAS et Valérie BOISVERT (dir.), *Le Pouvoir de la biodiversité. Néolibéralisation de la nature dans les pays émergents*, IRD éditions/Quae, Marseille/Versailles, 2015, p. 193-213.

dans le conservationnisme animalier en Afrique australe et qui consiste à transférer des individus – humains ou animaux – d'un espace à un autre. En 2017, au Malawi, plusieurs centaines d'éléphants ont ainsi été déplacées, sur une distance de 600 km, pour « reconstituer le stock » d'un parc naturel tout en débarrassant une autre réserve de son « surplus ». Dans une enquête menée en Afrique du Sud, le géographe Estienne Rodary montre que la translocation a été historiquement liée au régime d'apartheid, dans une logique où le déracinement des animaux et des humains était le corollaire de leur parcage et de leur enfermement. C'est désormais à une visée logistique de gestion des flux que cette pratique s'ordonne, et certains de ses acteurs principaux n'hésitent pas à en mobiliser le vocabulaire. Rodary cite l'exemple du Groupelephant, et de son acronyme fétiche, E.R.P., qui désigne, par contraction, le double objet de sa politique de conservation : les « Éléphants et Rhinocéros » (*Elephants and Rhinos*), mais aussi les « populations rurales » (*rural people*), tout en évoquant l'*enterprise resource planning* qui trouve son origine dans les travaux d'Orlicky [10]. Il indique que « la translocation s'inscrit au cœur de ce rapport instrumental à la nature, comme métrique de gestion et de planification, d'éléments marchands, discrets et mobiles [11] ».

Cet engrenage de fluidification de l'environnement est au cœur des dynamiques capitalistes d'industrialisation. Dans son étude sur Chicago, l'historien William Cronon a montré que le commerce du blé a été l'un des facteurs centraux de la croissance de la ville au milieu du XIXe siècle. Avant la mise en œuvre du chemin de fer, les fermiers qui étaient situés aux environs de la ville acheminaient leur surplus de grain par voie fluviale. Chaque sac chargé à bord contenait du blé en provenance d'une même ferme et se trouvait sous la responsabilité du fermier jusqu'au moment de la vente, une fois en ville. Avec l'arrivée de la locomotive à vapeur, le grain ne fut plus transporté dans des sacs, peu

10. Voir *supra*, p. 42-43.
11. Estienne RODARY, *L'Apartheid et l'animal. Vers une politique de la connectivité*, Wildproject, Marseille, 2019.

commodes pour le chargement des wagons ; on les remplaça par du fret en vrac, mélangeant les grains issus de différentes fermes. L'instrument essentiel de cette séparation entre le grain et sa ferme d'origine fut, selon Cronon, l'élévateur à grain. Parallèlement, l'extension du commerce rendit nécessaire de recourir à des outils de régulation, qui furent élaborés par le Chicago Board of Trade. L'institutionnalisation d'une Bourse agricole favorisa le déploiement de pratiques de spéculation et amena de nouveaux acteurs qui n'étaient plus tant intéressés par le commerce du grain que par les fluctuations de son cours. En faisant la chronique de ces mutations, Cronon montre comment, en quelques décennies, le blé est devenu une autre sorte de marchandise, un objet fluide, pour une bonne part détaché de son environnement socionaturel [12].

Le rapport entre logistique et fluidification de la nature est le fruit d'une construction de long terme. C'est l'un des objectifs centraux du capitalisme industriel que de faire de l'environnement, du vivant des objets manipulables, quantifiables, en vue de leur commercialisation. La pensée logistique joue un rôle essentiel dans la poursuite de cet objectif car elle permet une double abstraction de la nature : abstraction conceptuelle par la reformulation de l'environnement comme ensemble de flux, mais aussi abstraction pratique par la mise au point d'instruments (de l'élévateur à grain aux outils de quantification du *life cycle assessment*) qui permettent de séparer ces flux, de les manipuler et de les valoriser sur un marché. La pensée logistique contribue au projet capitaliste de marchandisation de la nature, par la conversion de cette dernière en un ensemble de flux canalisables.

LOGISTIQUE SÉMIOLOGIQUE

De même qu'elle affecte nos conceptions et nos modes d'inscription dans l'environnement socionaturel, la logistique réorganise les circulations symboliques et privilégie des pratiques sémiotiques et scripturaires particulières. En d'autres termes, elle redéfinit

12. William CRONON, *Nature's Metropolis. Chicago and the Great West*, Norton & Company, New York, 1991.

notre manière d'user des signes et de les percevoir – des signaux informatisés les plus simples du code binaire aux discours et aux images les plus élaborés. Cette évolution rejoint la circulation électronique des signes telle qu'analysée par Félix Guattari. S'étant beaucoup intéressé aux liens entre le développement de l'informatique, la mise en place d'une sémiotique spécifique encouragée par la numérisation et les nouvelles dynamiques du capitalisme [13], il en est venu à considérer que le capitalisme contemporain ne repose pas seulement sur l'exploitation des processus productifs (du travail), mais aussi sur l'exploitation de processus de sémiose (d'élaboration et de traitement du sens). Il en résulterait selon lui une fabrication nouvelle de subjectivités, plus adaptées à la logique de profit de l'infocapitalisme. À l'aliénation de la force de travail par le capital s'ajouterait alors un autre type d'aliénation, portant plus directement encore sur l'intériorité des êtres humains. Cette remarque a inspiré une réflexion sur les interactions du capitalisme informationnel, des industries culturelles et des nouveaux fronts de l'exploitation, qui tourne souvent autour de la logistisation du signe. L'automate bancaire en offre un exemple éclairant. Pour Guattari, rappelle le sémioticien Gary Genosko [14], une catégorie importante et mésestimée de la sémiotique est celle des « signaux ». Le signal est fréquemment relégué à un statut marginal de signe inférieur dont le contenu sémantique serait proche de zéro. À certains égards, le signal se rattache donc à une sémiotique asignifiante. Il indiquerait tout au plus *ce qu'il faut faire* : stop, le feu est rouge, en route, le feu est vert. Et pourtant, cette sémiotique asignifiante joue un rôle de premier plan dans le « capitalisme mondial intégré » que décortique Guattari. C'est notamment le cas d'un objet tel que la carte bancaire, qui est faite de « matière signalétique ». Comme l'explique Genosko, cette matière est « non signifiante, dans la mesure où le signal transmet directement de

13. Félix GUATTARI, *La Révolution moléculaire* [1977], Les Prairies ordinaires, Paris, 2012 ; voir aussi Fabien RICHERT, « La critique de la valeur à l'ère du sémiocapitalisme », *Cygne Noir*, n° 4, 2016.
14. Gary GENOSKO, « Banco sur Félix. Signes partiels a-signifiants et technologie de l'information », *Multitudes*, n° 34, 2008, p. 63-73.

l'information sans fournir nécessairement de contenu sémantique ». D'une certaine manière, le signe/signal transmis par la carte bancaire trouve un rôle essentiellement logistique et opérationnel, débarrassé des enjeux de l'interprétation et de la représentation. Au niveau d'un objet technologique relativement simple, comme l'automate bancaire, on observe une fonctionnalisation du signe qui, en tant que signal, ne fait que connecter une commande et une action. « *Combien désirez-vous ?* – 20 euros. *Les voici.* » Point. Selon cette lecture, dans le monde du capitalisme informationnel, le signe tend à être réduit à ses plus simples fonctions pratiques, afin d'opérer dans un système qui vise à assurer le branchement de nos flux de désirs sur des flux financiers.

On peut cependant chercher à nuancer cette analyse de la logistisation du signe. Pour cela, je voudrais m'appuyer sur Yves Jeanneret, dont l'approche complète celle de Guattari ou Genosko. Pour lui, « l'écrit est un complexe indissociable de logistique et de sémiotique [15] ». D'une part, l'écriture matérialise et permet une mise en circulation – logistique ; d'autre part, elle donne à voir et configure des signes – sémiotique. Il importe alors de penser cette dualité logistique/sémiotique sans rabattre trop rapidement l'une sur l'autre. À trop vite considérer l'écrit uniquement dans sa dimension logistique, on se plierait à une idéologie du transport, une pragmatique du clic qui nous déplace de page en page – ou de la puce de carte bancaire qui fonctionne sur un mode purement informationnel ; à uniquement se concentrer sur la dimension sémiotique, on ne verrait dans l'écrit que ses potentialités de contemplation et d'interprétation – le hiéroglyphe comme œuvre et comme esthétique. Mais les relations entre les dimensions logistique et symbolique de l'écrit ne sont pas stables dans le temps ; elles évoluent. Et comme Jeanneret le constate lui-même, il se joue dans les technologies de communication actuelles une entreprise de logistisation de l'écrit et du signe qui dépasse les signaux. Ou peut-être encore, certains supports et certaines modalités technologiques encouragent tout discours

15. Yves Jeanneret, « Logistiques de l'écrit », *Medium*, n° 10, 2007.

à devenir signal – et donc opérateur logistique. Un indicateur de cette évolution est la multiplication des « signes passeurs » permettant de transporter et transmettre d'une page à l'autre sur le Web, à l'instar des liens, mais aussi des hashtags, des boutons « like » ou « partager » [16].

Dans cette perspective, la plateforme YouTube fournit un bon exemple du devenir logistique des signes. Pour un grand nombre de participants à la plateforme, YouTube n'est pas seulement un agréable passe-temps : c'est aussi un gagne-pain. Les *YouTube partners* retirent un profit de leur contribution dès lors que les vidéos qu'ils mettent en ligne sont regardées par un nombre suffisant de personnes. Ceci donne un rôle central, d'une part, à l'usage de métriques dans la valorisation économique des productions culturelles que sont les vidéos YouTube et, d'autre part, aux outils de mise en circulation des vidéos, comme les algorithmes de recommandation qui permettent de toucher un public plus nombreux [17]. Dans ce dispositif, il importe assez peu de connaître le nombre de personnes qui ont regardé en toute conscience ou avec attention les vidéos de telle ou telle star de la plateforme. En revanche, il est crucial de décompter le nombre de « vues » de ses vidéos, qui se caractérisent par leur propension à être cliquées. La question de la « visibilité » n'est évidemment pas la même pour qui regarde, pour qui produit, ou encore pour qui regarde celles et ceux qui regardent. Dans ce dernier cas, les acteurs techniques et financiers au cœur de la définition du modèle économique de YouTube doivent trouver des moyens de mesurer l'efficacité d'un message, d'un ensemble de signes, non seulement par la quantification du public observateur, mais plus fondamentalement par la faculté de la création à circuler. De fait, pour YouTube et ses actionnaires, cela n'a aucune importance que vous soyez fan de Norman, Cyprien, Squeezie ou Papacito, pas plus que de ce que ces derniers racontent, du moment que leurs

16. Jean DAVALLON et Yves JEANNERET, « La fausse évidence du lien hypertexte », *Communication et langages*, n° 140, 2004, p. 43-54.
17. Angèle CHRISTIN et Rebecca LEWIS, « The drama of metrics : status, spectacle, and resistance among YouTube drama creators », *Social Media + Society*, 2021, p. 1-14.

vidéos deviennent « virales ». Tout ce qui compte, c'est qu'elles circulent. Fonction logistique du signe. Pour les contributeurs de la plateforme, le message tend à se résumer de manière de plus en plus transparente à « cliquez-moi » et « transmettez-moi », pur signal d'adhésion et incantation du mouvement. Un bon indice de cette évolution est le nombre effarant d'appels à s'abonner à une chaîne, à « liker » des vidéos, lancés par les youtubeurs professionnels, ou encore les stratégies mises en œuvre dans la production de contenu, comme la mobilisation des mots-clés les plus demandés par les moteurs de recherche. À la limite, le caractère logistique de la circulation des signes s'accommode tout à fait d'une automatisation et d'une machinisation complètes du traitement des flux : et peu importe si un public réel a regardé ces vidéos, tant qu'elles ont « fait des vues ».

LOGISTIQUE AFFECTIVE

On ne se débarrasse pourtant pas si facilement du public, de son attention, de ses affects. À la logistique contemporaine des signes répondent non seulement une économie des données (« transmets ce que je montre, que je m'approprie ce que tu ressens »), mais encore une logistique des affects (« transmets ce que tu ressens, que je m'approprie ce que tu es »). Il se trame en effet quelque chose dans l'emboîtement de notre consommation machinale de ressources numériques – avec toute la palette d'états seconds qu'elle induit – et de l'exécution stratégique de notre personnalité, de nos états d'âme, à la fois valorisés et commués en actifs marchands. À ce propos, Yves Citton évoque un phénomène d'« automatisation des âmes [18] ». Pour en saisir les ressorts, il faut se pencher sur l'appareillage qui sous-tend cette mise en circulation des affects.

La chercheuse Shoshana Zuboff a mis en évidence deux dimensions de la logistique des affects : l'appropriation des données et

18. Yves Citton, « La stratégie performative de management des cœurs. Magie tyrannique ou réalisme révolutionnaire ? », *in* Franck Tannery *et al.*, *Encyclopédie de la stratégie*, Magnard-Vuibert, Paris, 2014, p. 785-799.

l'automatisation des émotions, qu'elle analyse comme un processus de « restitution [19] », c'est-à-dire les opérations par lesquelles des expériences de vie sont converties en données comportementales appropriables et circulables. Vous avez accepté d'être géolocalisé par votre smartphone et vous vous rendez dans un magasin de sport pour acheter un maillot de bain. Deux heures plus tard, vous recevez une publicité pour des lunettes de plongée. Il y a eu restitution car vos données de déplacement ont été converties en informations concernant votre intérêt pour le sport, votre désir de nager. Si la géolocalisation offre un exemple paradigmatique de *datafication* d'une expérience de vie en un ensemble de données instrumentales, Zuboff montre que ce processus d'appropriation et de formatage va beaucoup plus loin, envahissant jusqu'aux « profondeurs de l'être humain ». Celui-ci opère par exemple au moyen d'assistants numériques (à l'instar de Siri, Alexa, Google Assistant ou Cortana) dont les services comportent de fréquentes incitations à fournir des données personnelles. Pour bénéficier de l'aide « pratique » apportée par ces assistants, il vous faut livrer des informations concernant votre vie professionnelle ou affective sous une forme standardisée. Ces données peuvent être utilisées par les firmes numériques. Mais le plus important est moins la commercialisation de vos données que leur uniformisation dans un objectif de manipulation et d'optimisation. Si vous souhaitez recevoir un conseil sur un restaurant dans une ville que vous ne connaissez pas, il vous faut d'abord renseigner les catégories de cuisine que vous appréciez. Et tant pis pour vous si vous faites preuve d'indécision entre les cuisines thaï, marocaine ou italienne : la contribution de l'assistant électronique repose justement sur le fait d'automatiser votre appréciation. Certes, les données livrées dans cette interaction peuvent faire l'objet d'une marchandisation, mais un processus plus profond est à l'œuvre, par lequel vous vous soumettez à des pratiques de catégorisation en vue de faciliter votre accès à des flux.

19. Shoshana ZUBOFF, *L'Âge du capitalisme de surveillance*, Zulma, Veules-les-Roses, 2020, chapitres 7 et 8.

Les fonctionnalités de tels assistants sont présentes de manière diffuse un peu partout sur Internet, à l'instar des algorithmes de recommandation des sites de vente en ligne. Proposant de devancer nos besoins et nos désirs, ces outils permettent de les orienter et de les uniformiser par le biais de leur formalisation. L'enjeu soulevé par ces technologies et par les rapports à la consommation qu'elles instaurent est la mécanisation de nos affects en vue de leur meilleure intégration à une palette de services marchands. Que nous le voulions ou non, nous nous mettons à penser comme des machines dans l'espoir que celles-ci nous serviront.

Il serait cependant réducteur de circonscrire la logistisation des affects à nos relations avec les machines. Elle se manifeste encore dans de nombreux domaines et peut revêtir différents caractères. C'est par exemple l'une des grandes qualités du livre *Life Support*, de Kalindi Vora, de montrer que le « biocapital » ne repose pas seulement sur la mise en circulation et la fructification financière de caractères biologiques, mais aussi sur des flux énergétiques qui concernent les affects [20]. La fonction des salariés de plateformes téléphoniques de services, ou de services sous-traités de maintenance, n'est pas seulement d'apporter une réponse à des problèmes techniques. Elle est aussi d'absorber des affects négatifs et d'y substituer des sentiments rassurants par la gestion de la parole. Vora montre ainsi que les affects font aussi l'objet d'un traitement logistique par le biais des plateformes de services. Le fait que le travail requis pour la gestion de ces flux affectifs soit délocalisé dans des pays en développement et largement féminisé donne une première indication sur les inégalités à l'œuvre.

LOGISTIQUE MONÉTAIRE

Au mois de novembre 2016, l'Inde a traversé une grave crise. Au lendemain de Diwali, la fête religieuse la plus importante du pays, au cours de laquelle on lance quantité de pétards et de feux d'artifice, la capitale était plongée dans le brouillard. La pollution attei-

20. Kalindi VORA, *Life Support. Biocapital and the New History of Outsourced Labor*, University of Minnesota Press, Minneapolis, 2015.

gnait un niveau rarement enregistré. Rapidement cependant, un autre problème de flux s'est joint au premier, le balayant presque. Le Premier ministre Narendra Modi a déclaré dans la soirée du 8 novembre que les billets de 500 et de 1 000 roupies, qui constituaient 80 % de la masse monétaire en circulation, devenaient invalides à partir de ce jour, et que seules les banques seraient habilitées à les échanger contre de nouvelles espèces. L'argument principal de cette décision s'appuyait sur la lutte contre le *black money* et les supposés matelas d'argent sale sur lesquels dormaient quelques malfrats. La réalité était plus pragmatique : il s'agissait d'une part de renflouer les caisses de la banque centrale et d'autre part d'accélérer la politique de bancarisation dont le gouvernement Modi s'était fait le chantre. Bancariser, afin que les Indiens deviennent tous et toutes d'heureux détenteurs de comptes en banque – mais aussi pour qu'ils recourent de façon plus systématique aux transactions numériques, par carte bancaire ou téléphone portable. Pour que la déclaration du Premier ministre soit efficace, il fallait compter sur un effet de surprise et éviter les fuites autant que possible. En conséquence, le soir de la déclaration, les billets qui devaient remplacer la masse monétaire obsolète n'existaient pas encore, pas plus que les distributeurs automatiques n'avaient été configurés pour les distribuer. Tout restait à imprimer et à organiser, et ce dans les délais les plus brefs. Il en a résulté des semaines de chaos, la formation de files de plusieurs centaines de personnes devant les banques, une pénurie de billets récurrente dans un système économique qui reposait – et repose encore – essentiellement sur le *cash*[21]. Et, comme pour souligner le chaos des flux, dans les quartiers les plus aisés de la capitale, on croisait fréquemment dans les files d'attente des personnes munies de masques destinés à les protéger de la pollution.

En imposant à marche forcée l'ouverture de comptes bancaires, le gouvernement indien cherchait à rendre les transactions lisibles et à superviser les flux d'argent d'un compte à l'autre

21. Christophe Jalil NORDMAN et Isabelle GUÉRIN, « The shock of Indian demonetisation : a failed attempt to formalise the economy », *The Conversation*, 8 avril 2018.

– une opération jusque-là impossible du fait que l'essentiel de la masse monétaire circulait hors du système bancaire, hors d'atteinte des outils de surveillance et de mesure. La démonétisation visait à ramener au-dedans ce qui était au-dehors, à recentraliser, à réinjecter dans des circuits contrôlés ce qui s'en était évadé. Jusque-là, les transactions se nouaient hors du regard de l'État et des institutions bancaires. La démonétisation a ainsi opéré une recentralisation des transactions financières par la logistisation de l'argent.

On aurait pourtant pu croire que ce médium par excellence était tenu à l'abri du contrôle logistique. Médiateur universel, la monnaie était le connecteur qui permettait aux flux non seulement d'être mis en équivalence, mais aussi de se couler les uns dans les autres. C'est du moins ainsi que Deleuze et Guattari la conceptualisaient dans *L'Anti-Œdipe*, et, à la même période, le philosophe Jean-François Lyotard analysait le branchement originel des flux monétaires sur les flux de désir et les flux corporels, en remontant à l'institution de la prostitution dans l'Antiquité grecque [22]. Chez ces auteurs, l'argent entretient un lien intrinsèque avec les mécanismes de convertibilité et de circulation qui sont essentiels à la logistique. Lyotard évoque ainsi *La Monnaie vivante* de Pierre Klossowski [23], et notamment son hypothèse d'une monnaie-corps humain, qui serait instrument à la fois de l'échange et de la jouissance. La démonétisation tend à montrer autre chose : l'extension continue du règne de la logistique affecte jusqu'au cœur des échanges économiques, assujettis à la logistisation plutôt qu'ils n'en sont les opérateurs.

Les multiples situations où se manifestent les différentes catégories de logistique (humaine, du vivant, sémiologique, affective, monétaire) nous imposent le constat suivant : la logistique est partout et opère comme un véritable principe de gouvernement en appliquant sa loi à quantité de domaines étrangers les uns aux

22. Gilles DELEUZE et Félix GUATTARI, *L'Anti-Œdipe, I, Capitalisme et schizophrénie*, Minuit, Paris, 1972 ; Jean-François LYOTARD, *Économie libidinale*, Minuit, Paris, 1974.
23. Pierre KLOSSOWSKI, *La Monnaie vivante*, Éric Losfeld, Paris, 1970.

autres. En un mot : elle a constitué et s'est approprié une multitude de *sujets*. D'origine militaire, puis entrepreneuriale, la logistique s'est affirmée comme un principe hégémonique, toujours plus déterminant pour l'activité exercée sur la planète. Quelles sont les forces qui lui ont permis de prendre une telle place dans les conceptions et l'exercice du pouvoir ? Une première réponse est fournie par la puissance structurante du libre-échange dans la société mondialisée. L'existence d'un marché mondialisé est accrochée à un ensemble d'institutions (le Gatt hier, l'OMC et les accords bi- ou multilatéraux aujourd'hui), de règles (le droit de la propriété intellectuelle), de normes (les bonnes pratiques de production ou de distribution), d'infrastructures (routes, zones franches), d'outils (moyens de communication), dont le principe est de faciliter le mouvement de marchandises. La logistique apparaît alors comme une forme d'intervention qui se prête particulièrement à l'accomplissement de ce projet, car elle offre un principe d'unification de ces différentes activités : optimiser les circulations. Surtout, la gestion des stocks et l'organisation des flux en vue d'un objectif fournissent le principe d'un gouvernement des activités humaines – celles-ci peuvent et doivent être conçues comme un ensemble de flux et de stocks à partir desquels définir les principes d'un bon gouvernement. Cette approche de la société et de son gouvernement n'est pas exclusive d'autres (comme celles qui définissent l'activité humaine en tant qu'activité entrepreneuriale, ou en tant que projets susceptibles de faire l'objet d'investissements)[24]. Néanmoins, elle déploie une logique propre dont il faut tenter de préciser les enjeux.

24. Pierre DARDOT et Christian LAVAL, *La Nouvelle Raison du monde. Essai sur la société néolibérale*, La Découverte, Paris, 2009 ; Michel FEHER, *Le Temps des investis. Essai sur la nouvelle question sociale*, La Découverte, Paris, 2017.

3. LE MANAGEMENT DES CIRCULATIONS

La définition minimale attribuée par la logistique à la notion de « flux » laisse d'emblée la porte ouverte à un usage extensif. Pour le consultant Alan Rushton, le flux principal auquel s'intéresse la logistique est en effet « toute forme de transport d'un produit [1] », une façon de dire que le flux peut se résumer au déplacement spatial d'un objet donné. Le terme est sous-théorisé par les manuels de logistique, qui tendent à lui attribuer le sens implicite de « mouvement ». Au mieux, quelques auteurs complexifient cette conception en proposant de distinguer différents types de flux : de biens et de matériaux, d'information, d'argent [2]. Mais, de façon générale, pour la logistique, les flux sont définis moins par leur nature que par les opérations dont ils doivent faire l'objet. Ils sont ce que la logistique doit organiser, ce dont elle doit minimiser les coûts et maximiser l'efficacité : « Le management logistique est essentiellement un processus intégratif visant à optimiser des flux de matériaux et de fournitures à travers une organisation ou une série d'opérations à destination d'un consommateur [3]. » Dès lors, il n'est pas difficile de comprendre pourquoi les principes de la logistique ne sont pas restés « internes » à l'armée ou à l'entreprise, mais ont au contraire gagné l'organisation de la société. Il aura

1. Alan RUSHTON, John OXLEY et Phil CROUCHER, *Handbook of Logistics and Distribution Management* [1989], Kogan Page, Londres, 2000, p. 13.
2. Jeffrey H. SCHUTT, *Directing the Flow of Products. A Guide to Improving Supply Chain Planning*, J. Ross Publishing, Plantation, 2004 ; Reza ZANJIRANI FARAHANI *et al.*, *Supply Chain and Logistics in National, International and Governmental Environment*, *op. cit.*
3. Donald WATERS, *Global Logistics and Distribution Planning*, CRC Press, Boca Raton, 1999, p. 24.

suffi de glisser de la logistique comme fonction des entreprises à la logistique comme principe d'organisation des relations humaines.

EXPLOITER LE MOUVEMENT

Le 13 février 2019, la fondation Abbé-Pierre remettait ses premiers « Pics d'or », lors d'une cérémonie dénonçant la recrudescence des dispositifs visant à exclure les personnes sans-abri de l'espace public. Depuis une vingtaine d'années, on ne compte plus le déploiement de « mobilier urbain » conçu comme arme à destination des sans-domicile fixe, des jeunes, des attroupements, et plus généralement de toutes les personnes qui pourraient croire que les rues, les trottoirs et les places des villes remplissent d'autres fonctions que celle de canaliser les allers-retours des classes laborieuses entre zones de production et espaces de consommation. Animatrice de la cérémonie, Blanche Gardin relevait avec une emphase malicieuse : « Grâce à [ces dispositifs], les sans-abri ne dormiront plus dans la rue. Mourir dans la rue, d'accord, mais mourir *debout* ! » « *Get up, stand up…* », ajouta-t-elle d'une voix chantante, reprenant le tube combatif de Bob Marley avec un à-propos gênant. Les pratiques dénoncées par la fondation à cette occasion trouvent écho dans de nombreuses métropoles mondiales, où les politiques anti-pauvres sont devenues monnaie courante. De la Chine aux États-Unis, en passant par l'Asie du Sud, l'Europe, l'Afrique et l'Amérique latine, les grandes villes se sont passé le mot : faire la chasse aux pauvres, aux sans-abri, aux mendiants, aux clochards. En débarrasser les espaces commerciaux, les quartiers d'affaires, en vider les zones de transport et de circulation, bref, les tenir aussi loin que possible de toute activité humaine susceptible de produire des richesses, ou de les dépenser.

Un tel acharnement porte la trace d'obsessions disciplinaires anciennes. Dans son cours sur la « société punitive », Michel Foucault rappelle que la seconde moitié du XVIIIe siècle a vu ériger le vagabondage en sujet de préoccupation majeur (non pas un crime comme les autres, mais la source probable de *tout* crime)[4], souci

4. Michel FOUCAULT, *La Société punitive. Cours au Collège de France, 1972-1973*, Seuil/Gallimard, Paris, 2013. Je m'appuie sur l'analyse qu'en livre Laurent JEANPIERRE,

confirmé au début du XIXe siècle, en pleine période d'industrialisation. Foucault interprète cette inquiétude comme la manifestation d'un problème de gestion de la main-d'œuvre dans une société industrielle naissante. Il s'agissait de maintenir l'équilibre entre, d'une part, l'attachement, voire la fixation des travailleurs à l'appareil productif et, d'autre part, l'entretien d'une armée de réserve permettant de contenir les salaires au niveau le plus bas. Pour ce faire, la solution disciplinaire proposée au XVIIIe siècle a consisté à moraliser le regard sur le vagabondage, mais aussi à instituer un contrôle plus rigoureux des mobilités des personnes. Les stratégies anti-pauvres d'aujourd'hui se pensent encore comme une intervention *sur* les circulations. En contrôlant les allées et venues des personnes dans l'espace urbain, en éloignant, en interdisant de s'arrêter, de discuter ou de dormir en des lieux donnés, elles composent un « gouvernement des circulations [5] ».

Quelques années après ces réflexions, Foucault les prolongeait en faisant le lien entre la sécurisation du mouvement dans la ville et l'impératif de libre circulation des marchandises, présenté par les physiocrates comme un moyen de prévenir les périodes de disette pour ce qui est du commerce des grains [6]. Interdire et exclure ici, libérer ou abandonner à une main invisible là, gouverner et contrôler avec plus ou moins de distance ou de présence. Le gouvernement des circulations dont Foucault a ébauché l'analyse concerne aussi bien les humains que les non-humains, les marchands que leurs marchandises, les scripteurs que les symboles qu'ils manipulent.

En déchiffrant les formes que commençait à prendre ce régime disciplinaire naissant, le philosophe nous invite aussi à comprendre comment il a évolué depuis. La gestion contemporaine des flux se distingue de celle étudiée par Foucault à la fois par

« Capitalisme et gouvernement des circulations », *in* Christian LAVAL (dir.), *Marx & Foucault. Lectures, usages, confrontations*, La Découverte, Paris, 2015, p. 213-227.

5. Laurent JEANPIERRE, « Capitalisme et gouvernement des circulations », art. cit., p. 219-221.

6. Michel FOUCAULT, *Sécurité, territoire, population. Cours au Collège de France, 1977-1978*, Seuil/Gallimard, Paris, 2004.

son extension plus systématique aux différents domaines de la vie sociale et par l'exacerbation de la logique d'optimisation appliquée aux activités qui s'y soumettent. Au XVIIIe siècle, le gouvernement des mobilités qu'il analyse porte sur une grande variété d'objets, mais il est avant tout un levier de gestion de la population, des travailleurs et de détermination des prix. C'est vers l'appareil productif que convergent les règles de contrôle des mobilités ; c'est dans la manufacture ou sur le terrain de la plantation que se déterminent les formes de l'exploitation et de la production de valeur. Dans la situation contemporaine, il est plus difficile d'identifier une telle polarisation autour d'institutions particulières car on constate une dissémination de ce principe de gouvernement à l'intégralité de nos activités et milieux de vie. Cela est particulièrement visible dans les politiques urbaines. La lutte contre le vagabondage des XVIIIe et XIXe siècles permettait de renforcer l'exploitation du travail sur le site de la fabrique ; la lutte contre les pauvres dans l'espace public au XXIe siècle vise à protéger l'espace public dans son ensemble, en tant qu'indissoluble milieu de circulation et de création de valeur. Il ne faudrait surtout pas encombrer les zones commerciales, sous peine d'en abaisser le standing ; il ne faudrait surtout pas masquer les publicités, qui prospèrent de leur visibilité ; il ne faudrait surtout pas ralentir l'accès aux services de transports publics (de moins en moins) et privés (de plus en plus) dont les bénéfices dépendent directement de leur insertion dans le tissu logistique urbain ; il ne faudrait surtout pas ternir l'image de marque de villes dont l'attractivité (la capacité à *faire venir*) est devenue le principal moteur financier. En définitive, c'est bien de rendre la rue ou l'espace public « plus propre à la consommation[7] » qu'il s'agit, et pour cela il est devenu inévitable d'en évacuer les éléments non valorisables.

Du XVIIIe siècle à aujourd'hui, l'édification du royaume des flux traduit ainsi une double évolution : celle de l'importance progressive prise par les mécanismes de circulation dans l'orga-

7. Hugues BAZIN, « Mobilier urbain anti-pauvres », *Arpentages*, 2, La Fosse aux ours, Lyon, 2016, p. 151-158.

nisation de nos sociétés, tout autant que celle de leur subordination croissante aux règles du capital, avec ce que cela suppose de mise en conformité par la rationalité technique et marchande. Si, comme l'affirme Brett Neilson, le pouvoir logistique est indubitablement un pouvoir politique[8], c'est la nature et l'objectif de ce pouvoir qu'il nous faut réévaluer. Les dynamiques sécuritaires qui visaient, selon Foucault, à « faire le partage entre la bonne et la mauvaise circulation, [...] maximaliser la bonne circulation en diminuant la mauvaise[9] », perdurent bel et bien, mais ceci au service d'un processus radical de « colonisation capitaliste de la sphère de circulation[10] ». Le mouvement des personnes, des objets, des signes s'est trouvé placé sous le joug d'un projet de contrôle dont l'horizon primordial est marchand et dont l'instrument est la rationalisation technique. En ce sens, l'extension du contrôle des circulations s'accompagne de l'exacerbation d'une logique d'optimisation du mouvement qui a conduit à toujours plus accélérer la vitesse des déplacements et à intensifier les opérations de contrôle et de régulation qui portent sur elles. Il faut franchir plus rapidement les distances qui nous séparent, il faut accéder à des biens de consommation dans des délais sans cesse diminués, il faut traiter les informations reçues sur nos écrans de manière plus efficiente. Les espaces et les pratiques sont soumis de façon croissante à l'emprise du gouvernement des circulations ; celui-ci nous conduit implacablement à maximiser le rapport entre les flux entrants et sortants qui nous traversent.

Certains sont allés jusqu'à définir ce devenir marchand de la circulation, cette soumission des flux à un objectif mercantile comme le principal moteur de création de valeur dans nos sociétés. Stefano Harney et Fred Moten, qui pensent que la logistique est révélatrice d'un principe central de l'accumulation capitaliste,

8. Brett NEILSON, « Five theses on understanding logistics as power », *Distinktion : Journal of Social Theory*, vol. 13, n° 3, 2012, p. 322-339.
9. Michel FOUCAULT, *Sécurité, territoire, population*, *op. cit.*
10. Christian MARAZZI, « The violence of financial markets », *in* Andrea FUMAGALLI et Sandro MEZZADRA (dir.), *Crisis in the Global Economy. Financial Markets, Social Struggles, and New Political Scenarios*, Semiotext(e) and Ombre Corte, Los Angeles, 2010, p. 44.

considèrent ainsi que la plus-value émerge de la circulation, c'est-à-dire à la fois de l'intensification de la circulation et du renforcement du contrôle des circulations [11]. Plus ça circule, plus le capital s'accroît. Mais, pour maximiser la circulation (son volume, ses circuits, ses directions), il faut maximiser le contrôle. Cela justifie l'intervention croissante de forces, au premier rang desquelles la logistique, permettant d'ordonner le mouvement. Suivant ce nouvel ordre, l'arrêt et la mauvaise circulation sont sanctionnés politiquement et commercialement. En d'autres termes : il faut que ça bouge – mais pas n'importe où, et pas n'importe comment. Sans suivre jusqu'au bout le raisonnement de ces auteurs sur la centralité de la circulation dans la production de valeur, on s'accordera au moins avec eux sur l'impératif qu'ils pointent : il est devenu urgent de comprendre les outils par lesquels le gouvernement logistique organise ce « pas n'importe où, pas n'importe comment ».

MODE OPÉRATOIRE

Le mouvement d'une grue depuis un quai pour saisir un conteneur se trouvant à bord d'un navire ; le projet de construction d'un aéroport à Notre-Dame-des-Landes ; l'abaissement de la vitesse maximale autorisée de 90 à 80 km/h sur les routes à double sens sans séparateur central ; le stockage de déchets toxiques inflammables dans le port de Beyrouth ; la pose de câbles sous-marins de fibre optique permettant la transmission de données ; la détermination des standards réglementant le déploiement de la 5G ; l'élaboration de l'algorithme de Parcoursup ; la régulation des cours boursiers ; une opération promo chez Zara. Considérés séparément, tous ces phénomènes correspondent à des éléments de base du régime logistique. Ils constituent des formes d'intervention sur des flux, dans le but de les orienter, de les stimuler, de les endiguer ou de les diviser. Ils manifestent l'exercice concret de l'activité logistique à un niveau élémentaire, en dépit de la variabilité des échelles auxquelles ils

11. Stefano HARNEY et Fred MOTEN, *The Undercommons. Fugitive Planning and Black Study*, Minor Compositions, Wivenhoe/New York/Port Watson ; Stefano HARNEY et Fred MOTEN, « Mikey the Rebelator », *Performance Research*, vol. 20, n° 4, 2015, p. 141-145.

se déploient – du niveau interpersonnel d'un contrôle dans le train à celui, interétatique, d'un accord commercial multilatéral. Certains visent à assurer la continuité d'un flux et à prévenir toute forme de rupture quand d'autres poursuivent au contraire une logique de l'assèchement et du déstockage permanents [12]. Certains d'entre eux se caractérisent par une haute technicité et un coût élevé, comme les technologies douanières de contrôle à rayons X capables de scanner des conteneurs entiers [13]. D'autres manifestent au contraire une apparente simplicité : la géographe Hélène Blaszkiewicz, dans une enquête auprès d'une entreprise de logistique opérant dans les Copperbelts à la frontière de la Zambie et de la République démocratique du Congo, a documenté l'importance du papier et du travail administratif dans l'organisation des flux. Elle explique notamment comment les données collectées par cette « infrastructure de papier » permettent à l'entreprise de contrôler ses employés et d'accélérer le rythme des circulations en établissant des indicateurs de performance [14]. Afin de saisir l'ensemble de ces outils, de ces phénomènes et la logique qui les lie, les politologues Sandro Mezzadra et Brett Neilson proposent la notion d'« opération » comme un concept critique permettant de qualifier les éléments de base qui composent le management des flux.

Dans une certaine mesure, leur approche conceptuelle était déjà assumée explicitement par les tenants de la recherche opérationnelle des années 1950. Il s'agissait en effet pour ces derniers de traiter les processus et non les individus ou les groupes : « La recherche opérationnelle porte son attention non pas sur tel matériau, telle machine ou tel groupe d'individus, mais sur l'opération dans son ensemble. L'objet de son intérêt, ce sont les tactiques de combat, la planification logistique et stratégique d'opérations

12. Gwenaële ROT et François VATIN, *Au fil du flux. Le travail de surveillance-contrôle dans les industries chimique et nucléaire*, Presses des Mines, Paris, 2017 ; Olivier LONG, « Coronavirus : une biologistique des corps », *Lundi matin*, 6 avril 2020.

13. Brenda CHALFIN, *Neoliberal Frontiers. An Ethnography of Sovereignty in West Africa*, University of Chicago Press, Chicago, 2010.

14. Hélène BLASZKIEWICZ, « La formalisation inachevée des circulations commerciales africaines par les infrastructures de papier : cas de l'industrie logistique zambienne », *Politique africaine*, n° 151, 2018, p. 133-154.

futures, les interactions entre fluctuations des ventes, ressources inventoriées et programmation de la production, ou encore le régime d'écoulement des biens dans une entreprise, des voitures dans une ville, pour ne citer que quelques exemples[15]. » De ce point de vue, c'est donc bien au niveau « opérationnel » qu'il faut saisir l'intervention logistique. C'est à ce niveau qu'elle déploie son objectif d'optimisation. Les multiples opérations de la logistique visent à améliorer la compétitivité, à accélérer les rythmes et à intensifier les usages, pour permettre de maximiser les bénéfices produits par l'activité d'allocation des ressources. Et c'est encore par les opérations logistiques que s'exerce la fonction intégrative du *supply-chain management* qui consiste à incorporer un nombre croissant de pôles de production et de consommation au sein d'un même ensemble de flux, afin d'assurer une meilleure coordination des activités et d'optimiser la répartition des stocks.

La notion d'opération proposée par Mezzadra et Neilson ne permet pas seulement de décrire et de classer des interventions sur le mouvement. Elle montre aussi la part prépondérante que prennent aujourd'hui les activités logistiques dans la production du monde social et technique – dans sa *fabrication* :

> Dans notre usage du terme, une opération renvoie d'abord à cette fabrication du monde, à la production des connexions, des chaînes et des réseaux qui enveloppent matériellement la planète, et qui rendent possibles des formes de travail et d'action des sujets bien au-delà de celles qui sont manifestes dans l'exécution de l'opération elle-même[16].

Le monde fabriqué par les opérations de la logistique ne se résume donc pas à la somme de celles-ci. Les présupposés et les conséquences d'une opération excèdent son inscription spatiale

15. Philip M. Morse, « Operations research », *Communications on Pure and Applied Mathematics*, vol. 8, 1955, p. 1-12.
16. Sandro Mezzadra et Brett Neilson, « Extraction, logistics, finance. Global crisis and the politics of operations », *Radical Philosophy*, vol. 178, 2013, p. 15 (traduit par mes soins) ; voir aussi Sandro Mezzadra et Brett Neilson, *The Politics of Operations. Excavating Contemporary Capitalism*, Duke University Press, Durham, 2019.

et temporelle en ce qu'elle engage un ensemble de constructions du travail, des sujets, de la collectivité. Ce faisant, Mezzadra et Neilson fournissent un moyen conceptuel efficace pour analyser les dimensions matérielles du contrôle des flux, manifestées par des outils aussi divers que la grue, le conteneur, les opérations promotionnelles, les algorithmes de répartition ou encore le droit du travail, les accords multilatéraux et l'organisation du commerce international. On peut, à partir de là, mieux cerner les objectifs poursuivis par ces opérations, comprendre en quoi l'optimisation du mouvement qu'elles promettent en fait un levier central de l'extraction de valeur.

OPÉRATIONS D'INTENSIFICATION

Depuis 2007, la Banque mondiale publie tous les deux ans *Connecting to Compete*, un classement des pays en fonction de leur « indice de performance logistique » dans l'économie mondiale, accompagné d'une série détaillée d'indicateurs qui permettent de construire cet indice [17]. Le rapport quantifie et mesure la facilité ou la difficulté du transport de biens manufacturés sur un territoire national et hors de ses frontières. Dans la mesure où la Banque part du principe d'une corrélation entre prospérité économique et organisation logistique, les résultats des rapports sont peu surprenants : les pays les plus riches affichent les meilleurs indices, tandis que les plus pauvres se situent en bas de l'échelle. Les critères sur lesquels la Banque établit son classement, ainsi que les recommandations qu'elle formule permettent toutefois de cerner le discours officiel sur la « bonne » logistique : celle qui permet d'optimiser la gestion des flux pour en tirer le maximum de bénéfices. Ils explicitent les règlements qui ordonnent le royaume des flux et les opérations privilégiées. Les critères d'évaluation de la performance logistique d'un pays placent au cœur du débat la facilité et la rapidité du transport. Ils pointent l'efficacité des douanes et du

17. Jean-François ARVIS *et al.*, *Connecting to Compete 2018. Trade Logistics in the Global Economy. The Logistics Performance Index and its Indicators*, The World Bank, Washington, DC, 2018.

contrôle frontalier, la qualité de l'infrastructure liée au commerce et au transport, la facilité d'expédition à l'international, la compétence des services logistiques, la traçabilité des cargaisons, la régularité et la ponctualité des livraisons [18]. Autant d'opérations qui requièrent des compétences humaines, des infrastructures, et qui visent à la facilitation du transport et à l'accélération des cadences. Pour parvenir à extraire des profits du mouvement, il faut mettre en œuvre un certain nombre d'actions (chantiers d'infrastructure, réglementations, formations), mais aussi souscrire à des « valeurs », comme la sécurité et la transparence.

Ces rapports de la Banque mondiale fournissent de parfaits exemples du discours normatif officiel sur la bonne manière d'organiser les flux. À force de célébrer un modèle idéal, ils passent sous silence les opérations réelles de valorisation des flux et feignent d'ignorer la manière, souvent violente, dont s'exerce la pression à l'optimisation et à la valorisation. Les critères, les recommandations et les valeurs présentés par la Banque se heurtent assez vite à une autre combinaison de règles de profit. Par exemple, comment intégrer à l'« indice de performance logistique » d'un pays la situation de ses coursiers à vélo ? Le récit d'un livreur sur son recrutement par une plateforme numérique donne une tout autre perspective, plus concrète et moins reluisante [19]. Dès l'embauche, la situation paraît critique. Il faut bien comprendre, serine-t-on aux nouveaux arrivants dans cette boîte de coursiers, qu'ils sont des collaborateurs, auto-entrepreneurs, et que, à ce titre, ils ne font que vendre un service à une entreprise de livraison. Ils seront donc payés à la tâche et ne pourront attendre de l'entreprise aucune assurance, aucune protection sociale. Le rôle de l'algorithme ensuite : seul contact avec

18. Il y aurait beaucoup à dire sur la croyance qui conduit les économistes de la Banque à considérer qu'on peut quantifier des phénomènes comme l'« efficacité des douanes » ou la « facilité d'expédition à l'international ». Pour une discussion sur la construction de l'indicateur de performance logistique et l'importance qu'il accorde au facteur « temps », voir Hélène BLASZKIEWICZ, « Économie politique des circulations de marchandises transfrontalières en Afrique australe. Les régimes de circulations dans les Copperbelts », thèse de doctorat, université de Lyon, 2019, p. 174-182.

19. Efflam ZOETEMELK, « Prends le cool, l'exploitation à bicyclette », *Jef Klak*, n° 4, 2017.

l'entreprise, émetteur de sollicitations permanentes et aux exigences insatiables (« Je ne sais pas ce qu'il a en ce moment, mais plus on va vite, plus il nous envoie des courses longues ! »), traducteur d'une règle arbitraire et infléchie au gré des réactions des marchés financiers (quelle autre force pourrait conduire à formuler une idée aussi absurde que celle d'expulser « de manière naturelle » les travailleurs les moins efficaces pour capitaliser sur les plus rapides ?). En définitive, la plateformisation de la course se solde par un constat désabusé : « Faire du vélo avait toujours été pour moi une expérience libératrice ; je découvre de jour en jour qu'il peut en être autrement. »

Comment traduire ce type particulier d'opération en indicateur de performance ou en discours euphorique sur le besoin de compétences et d'infrastructures ? La Banque mondiale ne nous le dit pas, alors même que cela est essentiel en pratique pour ce genre de gestion des flux : l'*intensification* stimulée par la logistique consiste d'abord à maximiser l'exploitation de l'activité de déplacement par la compression des salaires, l'externalisation de toute dépense, la réduction au minimum de la formation des opérateurs, et une mise sous pression managériale high-tech qui pousse les employés à prendre toujours plus de risques pour assurer la cadence. Cette exploitation ne se limite pas aux différentes catégories de livreurs : les données de mobilité ne constituent-elles pas un nouveau trésor pour des opérateurs comme Waze ou son propriétaire Google ? Les voitures connectées que l'industrie vendra très cher ne sonnent-elles pas comme la promesse de profits faramineux, accumulés grâce aux automobilistes toujours plus coincés dans les embouteillages ? L'optimisation des flux par l'intensification des profits qui en sont extraits est au cœur de la logistisation de la société[20] ; elle passe par une série d'opérations techniques et sociales qui concourent à une exploitation du mouvement[21].

20. Aurélien ROUQUET et Nathalie FABBE-COSTES, *La Logistisation du monde. Chroniques sur une révolution en cours*, Publications de l'université de Provence, Aix-en-Provence, 2019.
21. Voir notamment les pages consacrées par Shoshana Zuboff au projet *Flow Transit* de Google. Shoshana ZUBOFF, *L'Âge du capitalisme de surveillance*, *op. cit.*, chapitre 7.

OPÉRATIONS DE CAPTATION

Outre l'intensification, la *captation* des flux joue aussi un rôle crucial pour maximiser la valeur créée par les circulations. Cela a commencé dans les pays du Sud avec la multiplication, au cours des années 1960-1970, de zones franches permettant aux entreprises qui s'y implantaient de déroger au droit du travail national et de payer moins de taxes. Si le capitalisme développementaliste insistait encore à l'époque sur l'activité productive – industrialisation et politiques d'exportation [22] –, les stratégies plus récentes, illustrées par le fleurissement de projets portuaires pharaoniques le long des côtes des pays en développement, se fondent avant tout sur une logique de « captation des flux ». Ces ports ont vocation à détourner les flux mondiaux de marchandises pour les héberger, les entreposer, les transformer, les faire fructifier, et ils comprennent fréquemment des zones franches [23]. En Birmanie, au Bangladesh, au Pakistan, au Sri Lanka, au Kenya, en Tanzanie, des fonds chinois ont financé des travaux de construction monumentaux pour créer des ports nouvelle génération, intégrant des fonctions de fret, mais faisant aussi office de nœuds communicationnels à dimensions multiples. Le port de Colombo, au Sri Lanka, est un bel exemple de cette ambition : financé principalement par des crédits chinois, il vise à capter non seulement des marchandises, mais également des flux financiers et touristiques. La politique qui a conduit à sa transformation récente rêve de faire du Sri Lanka une place financière digne de Singapour ou de Dubaï – et située exactement entre les deux.

C'est à l'échelle géopolitique que ces opérations de captation des flux prennent tout leur sens. Le financement du port de Colombo s'inscrit ainsi dans la stratégie chinoise dite de « la ceinture et la route ». Le projet, annoncé en 2013 et officialisé

22. Patrick NEVELING, « Export processing zones, special economic zones and the long march of capitalist development policies during the Cold War », *in* Leslie JAMES et Elizabeth LEAKE (dir.), *Decolonization and the Cold War. Negotiating Independence*, Bloomsbury, Londres, 2015, p. 63-84.
23. Laleh KHALILI, *Sinews of War and Trade. Shipping and Capitalism in the Arabian Peninsula*, Verso, Londres, 2020, chapitre 3.

en 2015, consiste en une série d'investissements, en particulier d'infrastructures (routes terrestres et infrastructures maritimes). Il fait explicitement référence à une nouvelle route de la soie, ravivant ainsi un imaginaire historique de prospérité et d'influence commerciale chinoise. Géographiquement, il couvre l'espace allant de l'Asie de l'Est à l'Europe occidentale et, comme il porte aussi bien sur les voies terrestres que sur les voies maritimes, il concerne à la fois l'Asie centrale, la Russie, l'Afrique subsaharienne et la Méditerranée. Il s'agit d'un programme évolutif, exprimant avant tout une vision du monde commerciale et géopolitique, suivant laquelle l'influence chinoise serait rendue visible par les investissements infrastructurels et les relations commerciales qui en découlent. Personne ne doute de l'importance stratégique des investissements chinois dans les ports qui se trouvent le long de la nouvelle route de la soie. Les critiques les plus virulentes du programme voient dans ces investissements une inféodation des pays qui les acceptent. Le gouvernement américain s'y oppose fermement, l'Inde s'empresse de réaliser ses propres investissements – au Sri Lanka, à Maurice, en Iran – par peur de se laisser « encercler ». Les réactions des différents pays acteurs de cette politique, de la Chine aux États-Unis, sont un bon indice de la compétition qui se joue aujourd'hui autour de la captation des flux, de l'appropriation des voies de circulation, et des tensions internationales que cela engendre. De même que les opérations d'intensification se traduisent par une violence sociale exercée à l'encontre des travailleurs du flux (par exemple, les livreurs), les opérations de captation se manifestent à travers l'exacerbation des relations de concurrence entre les États, à tel point que l'auteur Jasper Bernes qualifie la logistique d'« art de la guerre du capital [24] ».

OPÉRATIONS DE CONVERSION

La bête noire des logisticiens, c'est la « rupture de charge » – le moment où une cargaison est déchargée en vue d'un changement

24. Jasper BERNES, « Logistics, counterlogistics and the communist prospect », *Endnotes*, vol. 3, 2013.

de mode de transport. C'est une phase critique en raison des coûts occasionnés, de la durée pendant laquelle les véhicules sont immobilisés, de la force de travail et des outils requis, mais aussi parce qu'elle entraîne un état de vulnérabilité pour la chaîne de distribution. L'absence de certains personnels, le dysfonctionnement d'un engin, l'intervention inopinée d'un groupe malveillant sont autant de raisons pour lesquelles la rupture de charge peut aboutir à la désagrégation du flux et tourner au fiasco. C'est pourquoi elle a fait l'objet d'une attention soutenue dans les milieux managériaux, qui ont cherché à en limiter la durée et les conséquences sur la conservation d'un flux homogène. De ce point de vue, la « transportabilité » des biens dans des conditions de continuité est même devenue un argument central en faveur de leur usage. Le politiste Timothy Mitchell a montré qu'elle constituait une préoccupation centrale de l'organisation des flux énergétiques, jusqu'à y voir l'une des raisons principales de la préférence pour le pétrole comme source énergétique au détriment du charbon [25]. Selon lui, à la fin du XIXe siècle, le pétrole présentait de nombreux avantages par rapport au charbon. Sa production nécessitait une main-d'œuvre plus réduite ; mais c'était le cas également de son transport, ce qui s'est traduit par le remplacement progressif de la voie ferrée par des stations de pompage et des oléoducs d'acheminement des matières premières. Mitchell va même plus loin, en affirmant que « l'oléoduc a été inventé pour diminuer les possibilités d'interruption humaine du flux d'énergie [26] », en soulignant que son introduction, en Pennsylvanie dans les années 1860, a permis de contourner les revendications des travailleurs qui jusque-là transportaient les barils depuis les sites de production vers les gares, en voiture à cheval. Sans compter que la fluidité et la légèreté du pétrole en faisaient une marchandise plus indiquée que le charbon pour le transport maritime.

La pensée logistique pousse encore cette considération. Au-delà de la rupture de charge et du transbordement, c'est la

25. Timothy MITCHELL, *Carbon Democracy*, *op. cit.*
26. *Ibid.*, p. 55.

conversion même d'un flux en un autre qu'elle se propose de garantir. La maximisation du profit par le mouvement implique à la fois de minimiser la durée et les risques occasionnés par la rupture de charge et de coordonner la gestion de flux hétérogènes. Il importe donc que les flux de biens, comme ceux de personnes ou de signes, soient transformés en flux d'argent. Ainsi que l'expose le consultant Donald Waters :

> La longueur d'une chaîne de distribution, quelle qu'elle soit, est déterminée par le cycle de la monnaie sonnante et trébuchante (*cash-to-cash cycle*). Dans la mesure où les investisseurs sont intéressés par un bon retour sur investissement de leur capital, toutes les chaînes de distribution sont fondamentalement liées à la finance. L'argent est transformé en biens marchands et ceux-ci sont vendus à leur tour pour engendrer plus d'argent [27].

La logique de profit tend surtout à résumer les flux à un seul : celui du capital. À cette lumière, la rupture de charge ultime correspond à ce moment où doit s'opérer la conversion d'un flux de marchandises en un flux d'argent, d'un flux de biens en un flux financier.

DENSIFICATIONS MARCHANDES

Mais à quel monde enfin ces opérations logistiques nous mènent-elles ? D'un côté, un discours lénifiant, manifesté par les critères de « performance » de la Banque mondiale pour évaluer les chaînes logistiques nationales et concernant par exemple les qualifications de la main-d'œuvre, la pérennité des infrastructures et le respect de l'environnement ; de l'autre, la réalité de l'exercice du pouvoir logistique, la violence qu'il exerce sur les corps pour intensifier les déplacements, la compétition qu'il entraîne entre les territoires pour mieux capter les trajectoires. La géographe Deborah Cowen, dans son ouvrage sur le développement de la logistique comme force de structuration de la société mondiale,

27. Donald WATERS, *Global Logistics and Distribution Planning*, *op. cit.*, p. 278.

complète cette analyse des interventions et des opérations de fructification des flux. Elle montre par quels mécanismes notre société « presse » le mouvement pour en tirer jusqu'à la dernière goutte de profit. Elle insiste sur la poursuite du rêve d'un espace intégré, homogène et sans couture (*seamless*), caractéristique de la logistisation, mais sans cesse contredit par la réalité des frontières. Contre ces fantasmes, elle dénonce l'ancrage des stratégies de captation des flux, de lissage et d'homogénéisation de l'espace marchand mondialisé dans une guerre sociale menée à l'encontre des travailleurs. Le juste-à-temps et la sécurisation de la chaîne de distribution prospèrent sur une violence quotidienne exercée sur les corps au travail. La menace permanente de la rupture du flux est l'un des puissants moteurs qui activent le travail et justifient des régimes d'organisation oppressifs [28]. Le fonctionnement opérationnel de la logistique n'est donc pas l'irénique conquête de meilleures infrastructures et de meilleures compétences. Il comprend aussi sa part de violence, de brutalité et d'exploitation. Les travaux de Cowen, Mezzadra et Neilson, Harney et Moten, avec d'autres, mettent en perspective les présupposés que cela implique au sujet des bienfaits de la logistique et de la pseudo-neutralité des opérations auxquelles elle recourt [29].

Ceci nous ramène à Foucault et à sa conception d'un pouvoir qui opérerait sur les circulations, distinguant les bonnes des mauvaises, stoppant les unes pour mieux laisser s'écouler les autres. Les observations qui précèdent invitent à considérer la logistique comme une forme sophistiquée de contrôle. Elle ne se résume pas à ouvrir ou fermer les valves d'un flux ou à en faciliter un autre. Au contraire, la mesure de la sophistication du pouvoir logistique contemporain se trouve dans sa capacité à gérer de façon différenciée des flux pour maximiser à la fois les opérations de contrôle et les circulations dans le système. Cela implique une variété toujours plus grande de flux, conférant les moyens d'en

28. Deborah COWEN, *The Deadly Life of Logistics*, *op. cit.*, chapitre 3.
29. Mentionnons également les travaux de Charmaine Chua, de Laleh Khalili ou encore du collectif Into the Black Box et du Groupe d'enquête sur la logistique (GEL).

saisir sans cesse de nouvelles nuances, et surtout donnant la possibilité d'intervenir sur eux à une échelle de plus en plus précise, de les observer à travers un grain de plus en plus fin. Cela exige aussi un travail d'invention permanent de procédés permettant de diversifier les modes de circulation. De nouvelles manières de réglementer les flux sont continuellement mises en œuvre, et leur renouvellement est la condition même de la croissance de l'ensemble. En ce sens, on assiste bien à une colonisation des trajectoires, qui a lieu au moyen d'une série d'« opérations » visant à exploiter le mouvement pour en optimiser sans cesse les effets.

En stimulant les circulations de tous ordres qui obéissent à des fins commerciales, en favorisant la conversion de flux en d'autres flux, en excitant les mouvements de biens, de personnes, de signes évalués à l'aune de leur contribution aux dynamiques du capital, la pensée logistique sature l'espace physique et psychique de ses produits, qu'on ne cesse d'ingurgiter, de régurgiter, de brancher et de débrancher. La « densification marchande » désigne alors un phénomène à la fois technique et économique de multiplication d'infrastructures, de technologies de communication et de transport, qui servent la massification de la présence, dans l'espace socio-naturel et mental, de matières liées à l'exaspération des logiques marchandes à l'échelle mondiale.

Le pouvoir d'une firme comme Adani Logistics donne une petite idée de ce mécanisme de densification. Gautam Adani est l'un des hommes d'affaires les plus riches d'Inde. Les dix ports et terminaux qu'il y possède représentent environ un quart de la capacité portuaire totale du pays. Dans le Nord-Ouest, il détient le port de Mundra, probablement le port commercial le plus important d'Inde et également le plus gros terminal d'importation de charbon. Mundra est entouré d'un complexe industriel et d'une zone franche/zone économique spéciale (ZES) qui héberge notamment des usines de traitement du charbon. Adani ne s'encombre pas du respect des normes environnementales et a été mis en accusation pour plusieurs méfaits : destruction des mangroves environnantes, salinisation des sols, rejet de cendres. Ces pollutions diverses ont eu des conséquences pour les populations de pêcheurs qui environnent le site : l'eau potable est contaminée par le sel, le poisson disparaît, les cendres se déposent partout. Mais les protestations que ces activités suscitent n'ont pas empêché l'homme d'affaires de multiplier les projets tout au long de la côte indienne : le port d'Hazira, où la compagnie était si pressée d'intervenir que les travaux ont commencé avant même l'obtention d'un permis environnemental ; celui de Mormugao à Goa, où la poussière de charbon pollue l'air ; à Belekri, où la compagnie a été accusée d'être impliquée dans l'exportation de quantités astronomiques de minerai de fer ; à Vizhinjam, où la construction d'un port de transbordement a provoqué une forte mobilisation des pêcheurs kéralais, et non loin de Chennai, où Adani entreprend d'agrandir son port existant à Kattupalli.

Il est notable que les succès d'Adani reposent non seulement sur ses liens forts avec le gouvernement actuel et sur ses stratégies d'optimisation fiscale, mais aussi sur sa puissance infrastructurelle et sur sa mise en œuvre d'innovations techniques qui ont partie liée avec la gestion des flux : plateforme d'intégration du centre de commande et de contrôle, systèmes de gestion de la flotte et du carburant, système de communication mettant en relation les *stakeholders* internes et externes, solutions techniques pour la prise de décision et utilisation de l'Internet des objets pour assurer la traçabilité. Adani vise la numérisation de l'administration logistique pour l'essentiel des opérations de transaction, de contrôle et de mouvement, même si les biens doivent toujours être transportés « matériellement ». Alors même que l'existence de cette firme densifie l'espace social et naturel des pollutions qu'elle produit, elle-même ne cesse de densifier son équipement technologique. La rationalisation technique et l'expansion marchande se nourrissent l'une l'autre – et la logistique s'est faite l'agent de cette cannibalisation.

Le journaliste Andy Greenberg raconte comment, le 27 juin 2017, les employés du siège du géant de la logistique Maersk, situé à Copenhague, se retrouvèrent interloqués face à leurs écrans d'ordinateur [1]. Les unes après les autres, et à une rapidité effarante, les machines redémarraient de façon inopinée. Loin d'annoncer une mise à jour impromptue, elles laissaient place à un écran noir. La panique gagna les bureaux et, courant de pièce en pièce, gravissant quatre à quatre les marches pour sauter d'un étage à l'autre, les ingénieurs informatiques firent passer la nouvelle. L'entreprise était victime d'une attaque informatique, il fallait couper au plus vite tout accès au matériel, quitte à débrancher les prises électriques de manière expéditive. En l'espace de deux heures, l'ensemble des communications de la firme furent déconnectées. Mais, une fois ce geste d'autodéfense assuré, comme un réflexe, plus rien ne marchait, et il était impossible de redémarrer quoi que ce soit. Hormis les principales équipes dirigeantes, la grande majorité des employés n'avaient plus qu'une chose à faire : rentrer chez eux. À peu près au même moment, l'activité des soixante-seize terminaux maritimes possédés par Maersk, des États-Unis à l'Inde, en passant par l'Europe, fut stoppée net. Il n'était plus possible ni de charger ni de décharger des conteneurs depuis les navires. Les files de camions de livraison étaient à l'arrêt, leurs chauffeurs impatients et irrités par l'absence d'information, jusqu'à ce qu'on vienne les avertir qu'il n'était pas nécessaire d'attendre : les termi-

1. Andy Greenberg, *Sandworm. A New Era of Cyberwar and the Hunt for the Kremlin's Most Dangerous Hackers*, Doubleday, New York, 2019.

naux resteraient fermés pour les heures à venir. Ils n'avaient plus qu'à faire demi-tour.

La quasi-totalité des ordinateurs de la firme étaient touchés. Le passage des commandes était devenu impossible. Les systèmes d'exploitation de l'informatique de bord des navires n'étaient pas affectés, mais c'était le cas des logiciels de gestion de l'échange électronique de données. Les navires ne pouvaient plus transmettre aux terminaux la moindre information sur leur cargaison, ce qui bloquait toute opération de transbordement. Il fallut des jours et des jours à la cellule informatique de la firme, située en Angleterre, pour remettre le système en ordre. Après une quinzaine de jours, les employés purent enfin commencer à récupérer leurs ordinateurs, qui avaient été saisis. L'essentiel du contenu en avait disparu, mais le virus avait été éliminé. En attendant, chacun avait fait avec les moyens à disposition, certains gérant par exemple l'embarquement des marchandises depuis leur compte WhatsApp personnel. La compagnie estimait ses pertes à environ 300 millions de dollars, un chiffre largement sous-estimé, à en croire certains commentateurs.

L'histoire du virus NotPetya, qui a infecté les ordinateurs de Maersk et a paralysé le transporteur pendant ces quelques jours, en lui infligeant des pertes colossales, est saisissante. Lancé par un groupe de hackers militaires russes dans le cadre de la cyberguerre que la Russie livre à l'Ukraine, le virus combinait différents programmes, qui permettaient sa diffusion très rapide à partir d'ordinateurs utilisant le logiciel de comptabilité M.E.Doc. C'est ce programme informatique qui était employé, à partir d'un seul ordinateur, par l'équipe financière des opérations ukrainiennes de Maersk, basée à Odessa. Cela a suffi pour mettre en berne le réseau informatique de la firme, simple dommage collatéral parmi des milliers d'autres institutions publiques et entreprises, du fait d'une stratégie qui ne la prenait même pas pour cible.

Le choc encaissé par Maersk à l'occasion de l'affaire NotPetya est révélateur de la fragilité de l'infrastructure logistique. Il n'en faudrait pas beaucoup pour que tout se grippe. Certes, cette mésaventure comporte aussi sa part de leçons morales. C'est au

Ghana que les ingénieurs informatiques de la firme ont finalement retrouvé, sur le disque dur d'un ordinateur déconnecté du réseau quelques heures avant l'attaque en raison d'une coupure de courant, les données qui ont permis de relancer l'ensemble du système. Mais on doute que les dirigeants de Maersk aient goûté cette anecdote. L'histoire montre en tout cas que le royaume des flux n'est pas un long fleuve tranquille. Il semble même parfois que, loin d'ordonner les circulations de façon sophistiquée et pacifiée, le système dysfonctionne carrément. Parfois, ça lui échappe. Parfois, pour répondre à une demande pressante, il arrive qu'il assèche complètement la source de la matière première. Parfois encore, c'est la rupture de stock et la pénurie. Si puissante soit-elle, si hégémonique et si déterminante, la logistique ne peut avoir raison de l'inconduite du monde. Son quotidien est aussi fait de ces porte-conteneurs qui s'échouent dans des goulets d'étranglement comme le canal de Suez, de ces entrepôts qui explosent, de ces navires chargés de produits chimiques qui s'embrasent et coulent avec leur cargaison. C'est pourquoi ce régime ne sera jamais véritablement ordonné, quels que soient les efforts déployés pour lui donner une meilleure lisibilité. L'inconstance, l'anarchie, l'erreur demeurent viscéralement attachées aux comportements humains ; les fantasmes rigoristes de répartitions rationnelles, de lignes droites, d'identités manipulables condamnent à la frustration ceux qui les nourrissent. Et les rêves de trajectoires claires, de transbordements sans accrocs, de passages de douanes fluides (*seamless*, dit Cowen), tout comme ceux de croissance et de marchandisation infinies à ressources constantes doivent être pris pour ce qu'ils sont : des promesses de camelot. Bien au contraire, la logistique contribue continuellement au chaos dans lequel nous sommes pris, nous et les marchandises qui nous enveloppent, peau contre peau. Il y a ainsi un envers de la logistique – pas vraiment son double maléfique, son Mr. Hyde, mais plutôt son indissociable contrepartie.

INDÉTECTIONS, INDISTINCTIONS

Cette face cachée abrite d'abord toutes les circulations qui n'entrent pas dans le cadre de la logistique « formelle », c'est-à-dire celles qui n'obéissent pas à l'injonction des flux à être mesurés, confrontés à une information lisible par l'État ou les organisations. Les circulations informelles prolifèrent dans les pays en développement. Elles ne sont pas non plus absentes des pays les plus riches, bien que l'espace des échanges y soit plus quadrillé. Au cours d'une soirée dans un bar de Nairobi, je rencontre, par des amis d'amis, Imran, un Kényan d'une vingtaine d'années. Nous nous étions déjà croisés plusieurs fois, mais jusque-là nous n'avions jamais eu l'occasion d'échanger plus de quelques formules de politesse. Le son de la musique est très fort et, au départ, j'ai du mal à le comprendre, la majeure partie de ce qu'il dit m'échappe. Puis, peu à peu, nous nous rapprochons, je me fie aux mouvements de ses lèvres que je vois mieux malgré la pénombre, et notre conversation se fait plus continue. Elle garde cependant l'aspect cotonneux d'un rêve, assourdie par le *beat* de *benga* qui s'impose, régulièrement interrompue par la bousculade et le déhanché du nombreux public qui nous entoure, empreinte des effets de l'alcool que nous avons partagé. Imran, très beau, arbore ses *dreadlocks* de rasta avec beaucoup de prestance. Sa famille est originaire d'Inde, mais il n'y a jamais mis les pieds et n'en a guère l'intention. Lui, ce qui le fascine, ce sont les Émirats, Dubaï… Peut-être, à la limite, Surat, une ville du Gujarat célèbre pour son commerce de pierres précieuses. Il connaît quelqu'un là-bas. Puis il m'interroge sur ce que je fais et je lui réponds – une enquête sur la production et la distribution de médicaments dans le coin, mais aussi entre l'Inde et le Kenya. Son intérêt s'éveille. Est-ce que je connais des fabricants en Inde ? Est-ce que ça m'intéresserait de monter un *business* avec lui ? Il sait que ça rapporte facilement, certains de ses amis sont de la partie. À peine surpris – ce n'est pas la première fois qu'un de mes interlocuteurs pense que je fais des études de marché –, j'adopte d'abord un ton un peu didactique. Ça me semble compliqué de collaborer, parce qu'il faut faire enregistrer les médicaments, déposer des dossiers, impliquer un pharmacien, etc. Mais, devant son insistance, je me laisse prendre au jeu. Comment ferions-nous pour monter un tel *business* ? Il a déjà visiblement beaucoup réfléchi, et son plan est presque prêt. Il a seulement l'air d'être moins intéressé par la vente d'antibiotiques que par celle d'opiacés et d'analgésiques comme le fentanyl ou le tramadol. La quantité d'informations dont il dispose m'impressionne. Il a dû passer un paquet d'heures devant Netflix à regarder des documentaires sur les trafics, il a dû lire, et à plusieurs reprises il semble m'indiquer qu'il tient une partie de son savoir de source sûre – laquelle, je n'en saurai rien. De potentiel associé, je deviens vite apprenti face à une connaissance si riche des rouages du commerce international. Un problème me turlupine cependant alors qu'il me décrit les différentes manières de faire transiter de la marchandise par le port de Dubaï : comment compte-t-il s'y prendre pour assurer la sécurité des transactions ? « Mais ça, c'est très simple ! Tu ne connais pas le *hawala* ? »

Le *hawala* est un réseau de paiement transnational informel, c'est-à-dire en dehors de la juridiction des États. C'est un système ancien dont l'existence est attestée le long de la route de la soie, notamment dans la péninsule Arabique et en Asie du Sud (le mot *hawala* est arabe ; en Inde, on parle de *hundi*). Le principe est simple : il s'agit de former un réseau d'agents, géographiquement distants, qui font circuler entre eux des promesses de remboursement. Si vous souhaitez envoyer de l'argent depuis Dubaï vers le Népal, vous entrez en relation avec un agent localisé à Dubaï à qui vous remettez cet argent. De son côté, il prend contact avec un autre agent, situé le plus près possible du destinataire de votre envoi et lui fait la promesse qu'il le remboursera. L'agent népali remet ainsi la somme au destinataire dans la monnaie locale. La robustesse du système repose sur la confiance mutuelle des agents. La différence principale avec le système bancaire contemporain est évidemment l'absence de l'État en tant qu'organe de contrôle et de production de cette confiance. Ce qu'il y a de fascinant dans le *hawala*, c'est qu'il s'agit d'un mode de paiement à la fois archaïque et informel qui a permis pendant plusieurs siècles, et qui permet encore, de soutenir des réseaux d'échanges marchands intercontinentaux. L'existence d'un tel système relativise beaucoup la portée de l'organisation logistique comme un système centralisé et omnipotent. Elle indique au contraire que les espaces non soumis au contrôle sont plus nombreux qu'on ne le pense. C'est d'ailleurs en grande partie ce que tendent à montrer les travaux récents en anthropologie et en géographie économique, qui parlent d'une « mondialisation par le bas », portée par des entrepreneurs de second rang, des migrations pas toujours choisies, des trafics de toutes sortes. Une mondialisation tout aussi structurée par des règles qui sont propres aux réseaux qui l'animent, mais pas pour autant scrutées par les pouvoirs étatiques ou déterminées par une raison logistique dominante [2]. C'est la mondialisation « discrète », celle des interstices et des tactiques [3].

Évidemment, et comme ma rencontre avec Imran le laisse supposer, le *hawala*, en tant que système informel de paiement, soutient la circulation de marchandises dont l'illégalité est variable. Au cours d'un autre séjour à Nairobi, un vendeur de matériel informatique d'occasion m'explique que ses clients ne sont pas seulement issus de la classe moyenne de Nairobi. Il expédie de temps à autre des ordinateurs aux États-Unis à des clients de la diaspora kényane, qui lui font confiance en sachant qu'ils paieront moins cher s'ils s'en remettent à ses soins. Ses marchandises voyagent par des conteneurs gérés par des Somaliens, le paiement – hors taxes, faut-il le préciser ? – s'effectue à travers un réseau de *hawala*. Parfois, ces réseaux de transactions se doublent de réseaux de transport eux-mêmes dotés de leurs propres règles, qui échappent au contrôle des États. Il existe quantité d'histoires sur les circulations illicites et le transport illégal à fond de cale de boutre dans l'océan Indien occidental. L'historien Johan Mathew raconte par exemple les mille et une manières qu'avaient les voyageurs et les

2. Alain Tarrius, *La Mondialisation par le bas. Les nouveaux nomades de l'économie souterraine*, Balland, Paris, 2002 ; Gordon Mathews, Gustavo Lins Ribeiro et Carlos Alba Vega (dir.), *Globalization from Below. The World's Other Economy*, Routledge, Londres, 2012 ; Armelle Choplin et Olivier Pliez, *La Mondialisation des pauvres. Loin de Wall Street et de Davos*, Seuil, Paris, 2018.

3. Yann Philippe Tastevin et Olivier Pliez, « La discrète filière de l'autorickshaw. Une ethnographie de la mondialisation », *Revue française de socio-économie*, n° 2, 2015, p. 121-137.

marins de faire de la contrebande de devises et d'or dans l'océan Indien aux XIXe et XXe siècles. Il évoque ainsi Muhammad Ismail, un trafiquant notoire au cours de la Seconde Guerre mondiale, qui aurait enrôlé le roi d'Arabie saoudite, le sultan de Muscat et l'émir du Koweit, en leur proposant des parts de bénéfices pour transporter de l'or hors d'Inde à une période où cela était interdit à cause de la flambée du prix de ce métal. Il raconte aussi les exploits d'un groupe de marins qui trafiquaient des thalers, une monnaie initialement battue au XVIIIe siècle par les Habsbourg et dont la haute teneur en argent en faisait une devise recherchée en Afrique de l'Est et dans la péninsule Arabique. Les pièces étaient cachées à l'intérieur du ventre de thazards – des poissons fréquemment pêchés dans la zone et fort appréciés en Inde occidentale –, préalablement évidés [4]. Nisha Mathew rappelle surtout que ces stratégies ne sont que l'autre face de la politique impériale britannique, qui a consisté à standardiser les monnaies d'échange de l'Empire. À la fin du XIXe siècle, la roupie émise par la Compagnie des Indes orientales a en effet été reconnue comme seule valable, mais il ne suffisait pas de l'affirmer pour changer les habitudes : pendant des siècles, différentes monnaies d'échange aussi diverses que les pièces d'argent, des coquillages ou des amandes avaient été employées dans les échanges commerciaux de la zone. Il en a résulté une dialectique entre les efforts de standardisation et la persistance des trafics – une coexistence qui se poursuit encore aujourd'hui [5].

Parfois, au contraire, les transactions informelles donnent lieu à des opérations illicites qui coïncident avec un système de transport licite. En ce cas, on touche au point d'indistinction entre opérations capitalistes et activités criminelles. C'est ce qu'illustre le trafic de drogue tel qu'il est dépeint dans la série *ZeroZeroZero*, où l'on suit la trajectoire d'une cargaison de 5 tonnes de cocaïne qui,

4. Johan MATHEW, *Margins of the Market. Trafficking and Capitalism across the Arabian Sea*, University of California Press, Berkeley, 2016, chapitre 4.
5. Nisha MATHEW, « At the crossroads of empire and nation-state : partition, gold smuggling, and port cities in the western Indian Ocean », *Modern Asian Studies*, vol. 54, n° 3, 2020, p. 898-929.

en provenance du Mexique, traverse l'océan Atlantique jusqu'au Sénégal pour être transportée par des camions à travers le désert mauritanien jusqu'au Maroc, avant d'être à nouveau transbordée dans d'autres conteneurs en direction du sud de l'Italie. Les quantités de drogue cheminent de façon presque invisible – celle-ci est toujours rangée de manière anonyme dans les conteneurs, cachée dans des boîtes de piments, elles-mêmes transportées parmi d'autres denrées. Si la plupart des personnages de la série savent pertinemment de quel genre de transport il s'agit, l'infrastructure paraît d'une robustesse à toute épreuve, complètement indifférente à la spécificité de la marchandise qu'elle convoie.

L'épisode de fin de saison du feuilleton achève d'expliciter le propos de ses auteurs. L'héroïne, Emma Lynwood, une jeune femme américaine propriétaire d'une compagnie de transport, vient de parcourir la moitié du globe pour accompagner une cargaison de cocaïne à bon port en Calabre. Sur le chemin du retour, elle s'arrête au Mexique pour payer au cartel fournisseur l'argent qu'elle lui devait. Entre-temps, le cartel a changé de chef au cours d'une violente attaque qui s'est soldée par de nombreux morts. Nous suivons alors Emma, que nous savons dure en affaires mais ni insensible ni violente, entrer dans la riche propriété, dévastée par les combats. Elle s'avance avec assurance dans les jardins, gravit les marches, suit son guide dans les couloirs de la demeure fastueuse, pour finir par entrer dans une pièce où elle s'installe face à son interlocuteur – le nouveau chef du cartel. Ils discutent, elle lui verse l'argent qu'elle devait à son prédécesseur, puis un *travelling* arrière nous la révèle encadrée, dans le canapé où elle est assise, par les cadavres des anciens mafiosi. Elle n'a montré aucun trouble pendant toute la scène et repart avec flegme. Cette scène grotesque exemplifie l'interchangeabilité des partenaires commerciaux, qui redouble celle des marchandises : au fond, quelle importance de transporter de la drogue, ou des piments ? Le capitalisme logistique, avec son visage de jeune femme blanche élégamment vêtue, ne reculera devant aucun vice pour prospérer. Il fond les marchandises les unes dans les autres jusqu'à se rendre aveugle aux distinctions entre le légal et l'illégal, le moral et l'immoral, le bénéfique et le maléfique, la vie et la mort.

EXTRACTIONS, DÉGRADATIONS

Le chimiste Anders Gustav Ekberg (1767-1813), qui introduisit les travaux de Lavoisier en Suède, était un lecteur avide de la mythologie grecque. C'est en partie pour cette raison que, lorsqu'il parvint à identifier un métal au contact duquel les acides communs de son laboratoire refluaient, il décida de le nommer « tantale ». Chez Homère, le supplice de Tantale, fils de Zeus, met en scène une condamnation éternelle à la faim et à la soif : placé au milieu d'un fleuve et à proximité d'arbres fruitiers, le personnage fait refluer l'eau à chaque fois qu'il se penche pour boire ; lorsqu'il tend la main pour saisir un fruit, les branches ploient et lui échappent. Le nom de ce métal, ainsi baptisé lors de sa découverte, en 1802, sonne rétrospectivement comme un sombre présage. Si Tantale est condamné à subir ce terrible châtiment, c'est parce qu'il a tué son propre enfant et l'a immolé aux dieux lors d'un banquet, outrageant ceux-ci par son cannibalisme. De même, le tantale s'est révélé par bien des aspects être un métal cannibale, qui se nourrit de souffrance et de mort. En association avec la colombite, le tantale constitue la colombite-tantalite, ou le coltan, un minerai gris-noir exploité en Australie, au Brésil ou dans des pays européens, mais dont plus de 60 % des réserves mondiales se trouvent dans la région du Kivu en République démocratique du Congo (RDC).

Ce précieux minerai est aujourd'hui très employé dans la fabrication du matériel électronique – téléphones portables, ordinateurs, consoles de jeux, etc. Il faut d'abord séparer la tantalite et la colombite, puis utiliser la tantalite en alliage avec d'autres composants, en particulier dans la fabrication de condensateurs (essentiels, notamment pour stabiliser l'alimentation électrique ou stocker de l'énergie). Il faut surtout extraire le minerai des sols, ce qui rend indispensable une activité minière. La demande des industries du secteur de l'électronique pour ce métal est très importante. L'extraction illégale de tantale au Congo et la façon dont elle a permis de financer la guerre civile entre 1999 et 2001 ont été beaucoup documentées. Alors que la PlayStation 2 devait être lancée, les prix ont connu une hausse spectaculaire alors que tout un système de production-distribution s'ancrait localement dans la situation dramatique de la RDC. Les équipes de « creuseurs » qui arrachent le minerai à la terre sont séparées du consommateur final par une longue chaîne d'intermédiaires : jeunes gens, garçons et filles, qui le transportent de la mine au village, non sans être rackettés par les militaires, petits négociants de village armés de leurs balances et de leur acide chlorhydrique, négociants de gros basés à proximité de sites miniers ou de pistes d'avion, analysant la teneur du coltan en tantale avec des outils plus précis (balances électroniques), comptoirs d'achat situés dans d'autres villes jointes à quelques heures de vol, puis transport international par avion ou bateau, et gestion par des agences de courtage internationales avant d'atteindre les fabriques travaillant pour des entreprises internationales [6].

L'envers de la logistique recouvre aussi tous les *overflows*, les débordements, les trop-pleins de marchandises [7]. Dans la vie quotidienne, vous avez peut-être déjà assisté à ce genre de scène : un escalator, dans une station de métro ou dans une gare, conduit un flot continu de personnes. Il est chargé de piétons, encombré de valises. Et, tout à coup, quelqu'un s'arrête au pied du tapis roulant, comme un rocher déposé par un enfant dans un cours d'eau dans l'espoir de construire un barrage. Il a peut-être trébuché sur les roulettes de la valise de la personne qui le précédait, été pris d'un malaise, ou simplement un peu trop ralenti le pas, perdu dans ses

6. Didier DE FAILLY, « Coltan : pour comprendre… », *in* Stefaan MARYSSE et Filip REYNTJENS (dir.), *L'Afrique des grands lacs : annuaire 2000-2001*, L'Harmattan, Paris, 2001, p. 279-306 ; Patrick MARTINEAU, « La route commerciale du coltan congolais : une enquête », *Note de recherche du GRAMA*, mai 2003 ; James H. SMITH, « Tantalus in the digital age : coltan ore, temporal dispossession, and "movement" in the Eastern Democratic Republic of the Congo », *American Ethnologist*, vol. 38, n° 1, 2011, p. 17-35.

7. Baptiste MONSAINGEON, *Homo Detritus. Critique de la société du déchet*, Seuil, Paris, 2017 ; Soraya BOUDIA *et al.*, « Residues : rethinking chemical environments », *Engaging Science, Technology, and Society*, vol. 4, 2018, p. 165-178 ; Soraya BOUDIA et Nathalie JAS, *Gouverner un monde toxique*, Quae, Versailles, 2019.

pensées. Alors les effets s'enchaînent en cascade. Les premiers arrivants se cognent à l'obstacle ; les suivants tentent de reculer pour éviter l'impact mais sont très vite coincés par leurs successeurs qui commencent à peine à se rendre compte de la situation. Le flot de personnes s'entrecogne, s'affale, s'empile. En 2018, à Rome, un accident de ce type a fait une vingtaine de blessés. Cela peut donner une idée de ce qui se passe à une autre échelle dans les situations de débordement logistique.

C'est parfois comme si le monde était devenu un escalator plein à craquer, empilant dans la panique les corps et les choses les uns sur les autres. La manifestation centrale de ce débordement des objets, des substances, ce sont les multiples pollutions qui mettent à l'épreuve notre environnement. Non contente d'engloutir les terres des pays les plus pauvres de la planète, l'industrie électronique ne se prive pas d'en recracher les déchets chez leurs voisins. Ailleurs, aux abords des zones industrielles pharmaceutiques indiennes, les sols et les eaux sont largement pollués par des substances antibiotiques qui débordent continûment des sites de production. Dans les océans, les déchets plastiques forment de nouveaux continents, de nouveaux êtres… Nous envoyons nos vieux navires au Bangladesh, nos vieux ordinateurs au Ghana. Les décharges des pays en développement sont aujourd'hui devenues des monuments qui s'effondrent, des montagnes menacées par des éboulements de terrain, qui engloutissent les habitations qui les jouxtent. Elles bouchent les canaux d'évacuation des eaux, comme on l'a vu pendant les inondations de la ville de Chennai en 2015. Elles nous rappellent aussi la part sombre du monde logistique, le surplus provoqué par l'innovation constante, mais aussi par une lassitude habilement suscitée, la vacuité d'existences comblées d'objets en perpétuel renouvellement. L'air se sature alors de substances qui obéissent à la loi de l'expansion des marchés ou signalent l'indigestion dont a été victime l'humanité consumériste – ce qu'elle a recraché, vomi, ce dont elle n'a plus que faire et qu'elle abandonne ; ne dit-on pas que l'espace lui-même est empli de nos déchets, flottant à la dérive ?

PERMUTATIONS, RARÉFACTIONS

L'envers de la logistique, ce sont ensuite toutes les substitutions qui se produisent lorsque les flux sont mêlés. En 2013, l'Union européenne découvrait éberluée que des dizaines de millions de consommateurs croyant consommer du bœuf avaient été dupés. L'affaire des lasagnes à la viande de cheval a mis en cause de très nombreux acteurs de la chaîne d'approvisionnement, depuis les abattoirs jusqu'aux firmes de transformation en passant par les intermédiaires. Au-delà de la fraude patente, elle a mis en évidence la complexité de la chaîne d'approvisionnement en viande, et le problème essentiel de l'arbitrage économique qui avait conduit des sociétés à privilégier la viande de cheval, moins coûteuse, pour la fabrication de « bons petits plats ». La répression des fraudes a rapidement concentré son attention sur deux acteurs : la société Spanghero et un *trader* néerlandais du nom de Johannes Fasen. Spanghero commercialisait des conserves sous son propre nom, mais opérait aussi en qualité de fournisseur de « minerai de viande », conglomérat de chutes obtenues pendant la découpe des bêtes. Fasen, basé à Chypre, était quant à lui spécialisé dans le commerce de viande de cheval. L'enquête a montré que la viande de cheval, importée du Canada et de Roumanie, transitait par des entrepôts frigorifiques aux Pays-Bas où elle faisait l'objet d'une première requalification – elle était estampillée « viande UE » mais toujours accompagnée du code douanier correspondant à la viande équine. Elle était ensuite livrée à Spanghero où elle faisait l'objet d'une seconde requalification en tant que viande de bœuf. Enfin, un tiers était transformé sur place, par Spanghero qui la commercialisait sous sa marque, le reste étant envoyé au Luxembourg à l'usine Tavola, entreprise de fabrication de plats préparés sous-traitante de très nombreuses marques et enseignes de distribution. Cette fraude n'est pas seulement la manifestation d'une activité délictueuse : elle résulte plus encore d'un système d'industrialisation de la nourriture, de multiplication des intermédiaires et des trajectoires des matières premières, ainsi que de la multiplication des opérations de transformation de la matière que cela implique.

L'eau consommée par 2 milliards de personnes est contaminée par des matières fécales : si un tiers de la population mondiale boit de la merde, c'est que les flux ne sont pas isolés les uns des autres par des barrières bien hermétiques [8]. Et un flux peut être souillé, mais il peut encore se tarir. En janvier 2018, les habitants de Cape Town (Afrique du Sud) ont été confrontés à la plus grave crise hydrique de l'histoire de la ville. Après trois années particulièrement sèches, les réserves d'eau se trouvaient au plus bas – environ un tiers de leur capacité. Chaque jour, elles diminuaient un peu plus. Au début de cette crise, les autorités tentèrent de ménager la consommation sans trop perturber les habitudes des usagers. En 2016, les restrictions concernant l'usage de l'eau avaient déjà été élevées au niveau 2, puis 3. Mais l'année 2017 connut la plus grande sécheresse en presque un siècle et, dès le mois de juin, le niveau de restriction fut à nouveau élevé à 4, avec la recommandation d'utiliser moins de 100 litres d'eau par jour et par habitant (la moyenne française est d'environ 150 litres). À l'approche de la saison sèche (qui débute en octobre), il fallut prendre des mesures plus sévères. En septembre, avec le passage au niveau 5, tout usage extérieur et non essentiel de l'eau fut interdit, les autorités encouragèrent l'emploi des eaux de récupération, notamment pour les toilettes – visant 87 litres par jour et par personne. Début octobre, la ville ne disposait plus que de réserves pour cinq mois de consommation courante. Un plan d'urgence fut élaboré, avec l'instauration d'un « jour zéro », niveau limite à partir duquel les autorités édicteraient des restrictions de niveau 7 : le système d'adduction d'eau serait largement coupé, en dehors de points d'accès stratégiques, ceci afin de réduire drastiquement l'usage. Le 1er janvier 2018, au beau milieu de la saison sèche, le niveau 6 fut déclaré et, en février, le niveau 6B, limitant l'usage à 50 litres. Le niveau 7 était en vue et la mairie déclara s'apprêter à instaurer un système de distribution d'eau par les

8. Déclaration de Maria Neira, directrice du Département de santé publique et des déterminants environnementaux et sociaux de la santé en 2017 : « Radical increase in water and sanitation investment required to meet development targets », OMS, 13 avril 2017.

forces de police. Environ cent cinquante points de collecte étaient envisagés où les citoyens de la ville iraient obtenir une ration de 25 litres par jour. Heureusement pour les habitants, le jour zéro, qui était projeté autour du mois d'avril, fut indéfiniment repoussé. Les pluies de 2018 permirent de reconstituer les réserves, et la crise prit progressivement fin.

L'envers de la logistique se dévoile donc encore toutes les fois où la circulation est mise à l'arrêt. La marchandise n'arrive pas ; peut-être n'a-t-il jamais été question qu'elle arrive. Vous avez sans doute déjà été en colère parce que le colis que vous attendiez avec tant d'impatience ne vous a pas été livré. Une telle situation peut prêter à sourire à l'échelle individuelle ; à l'échelle collective, celle d'un État, et concernant des biens essentiels, elle peut prendre un tour dramatique. J'ai discuté dans un précédent ouvrage le problème des ruptures d'approvisionnement de médicaments dans les pays en développement [9], mais les pays les plus riches sont loin d'être à l'abri de ce genre de menace. En France, elles sont de plus en plus nombreuses depuis le tournant du siècle, pour des raisons variées, au premier rang desquelles se trouve la décision de sous-traiter la production pharmaceutique. Tous les biens, même les plus vitaux, sont concernés par ce danger.

ERREUR SYSTÈME

Au royaume des flux, le contrôle exercé sur les circulations n'est qu'une maîtrise de façade. On nous avait assuré que la vie humaine était vouée à s'imprimer sur des circuits d'échanges transnationaux, à se couler dans les canaux auxquels elle était assignée et à affluer au rythme imposé par les impulsions du système. On nous avait juré que, dans un tel système, les flux étaient bien ordonnés, bien distincts les uns des autres, seulement destinés à se croiser sur des échangeurs perfectionnés pour accomplir des interactions bien précises : produire, fournir, consommer. Il n'en ira pas ainsi. Dès sa conception, le système

9. Mathieu QUET, *Impostures pharmaceutiques*, *op. cit.*

apparaît truffé d'erreurs, trop gourmand en énergie, avec une gestion de l'information défectueuse et une répartition géographique des ressources catastrophique.

Il y a quelque chose de pourri au royaume des flux. Mais quoi ? Pour mieux le faire apparaître, sans doute faudrait-il commencer par demander leur avis à celles et ceux qui souffrent dans leur chair de la marche forcée que l'incantation logistique leur impose. On pourrait se tourner vers ces fermiers, ces pêcheurs et ces travailleurs de l'Andhra Pradesh en Inde, dont l'anthropologue Jamie Cross a raconté les luttes contre l'éviction à laquelle ils faisaient face mais aussi la façon dont celle-ci a altéré leurs rêves et leurs aspirations [10]. Au début des années 2000, rappelle Cross, le chef du gouvernement de l'Andhra Pradesh avait exposé son rêve au cours du Forum économique mondial de New York : construire une zone franche sur le modèle de Shenzhen en Chine, qui permettrait de transformer cet État en un *hub* économique pour l'ensemble de la région Asie-Pacifique. La zone était déjà choisie, à proximité du port de Vizakhapatnam, la plus importante ville côtière de cette région de l'est de l'Inde. Bien sûr, le gouvernement allait saisir la terre, et les habitants allaient en être délogés. Les riches propriétaires terriens, y voyant une opportunité de faire fructifier leurs biens, firent monter les enchères. Les promoteurs agitèrent des promesses d'emplois stables et de confort matériel, en phase avec les aspirations locales de transformation sociale et économique. De fait, l'installation de nouvelles industries a nourri des désirs d'ascension sociale, mais la mobilité des firmes a souvent pris les travailleurs de vitesse. Les paysages se sont transformés, les bords de mer se sont couverts de quais et de grues, les villageois ont été poussés un peu plus loin, et ils ont tant bien que mal ajusté leurs rêves à ceux que le capital leur imposait. Cross montre bien qu'un élément central des transformations opérées par le capitalisme des zones franches – manifestation paradigmatique de la ratio-

10. Jamie CROSS, *Dream Zones. Anticipating Capitalism and Development in India*, Pluto Press, Londres, 2014 ; voir aussi Loraine KENNEDY, Rob JENKINS et Partha MUKHOPADHYAY, *Power, Policy, and Protest. The Politics of India's Special Economic Zones*, Oxford University Press India, New Delhi, 2014.

nalité logistique – tient au régime spéculatif qu'il alimente. À la folie des grandeurs de gouvernants se voyant déjà inaugurer une nouvelle Shenzhen, aux fantasmes science-fictionnels de promoteurs projetant des tours de quatre-vingts étages dignes d'un roman de J.-G. Ballard en lieu et place de quelques villages de pêcheurs, viennent répondre les rêves des gens – ceux qui sont censés vivre là, ceux qui sont fermement sommés d'aller vivre un peu plus loin, ou encore ceux qui viennent s'y installer en quête d'opportunités. La spéculation financière, politique et morale alimente ainsi les transformations des imaginaires individuels et des aspirations populaires.

Mais les subalternes du développement logistique ne se conforment pas toujours aux mirages qu'on leur a fait miroiter. Un peu comme on éprouve un malaise gauche en essayant un vêtement trop grand ou trop chic pour soi avant de l'écarter définitivement, ces désajustements peuvent finir par se muer en appels à l'aide ou en cris de révolte. Jatin Dua en rend compte dans son enquête sur la piraterie au large de la côte somali. Alors que la communauté internationale et les organisations marchandes n'ont eu de cesse de dénoncer la pratique de la piraterie dans l'océan Indien, Dua nous invite à adopter une autre perspective. Il montre à quel point le sentiment qu'une « mer de commerce » s'est substituée à une « mer de poissons » a été pour beaucoup un facteur déclenchant du passage à la piraterie. Il souligne, du point de vue des habitants de la côte somali, combien la pêche, le petit commerce maritime (transport de cigarettes, de thon, de bananes) et la piraterie forment en réalité un *continuum*, éléments interchangeables dans une palette limitée de moyens de subsistance. Mais c'est la conversion poussée de l'espace maritime en un espace commercial, empestant le mépris pour ceux qui en vivaient, qui a porté l'exaspération à incandescence :

> Un jour, un chalutier a coupé nos filets alors qu'on pêchait loin de la côte en pleine nuit. Certains d'entre nous ont décidé que ça suffisait et on est montés à bord du bateau. Le capitaine était un Pakistanais

> et on lui a fait payer 1 000 dollars pour avoir pêché dans nos eaux. [...] C'est comme ça qu'on est devenus des pirates [11].

À cette lumière, l'acte de piraterie se lit comme une révolte de la part de personnes qui, refusant de croire aux sornettes qu'on leur serine, s'insurgent contre les effets de la marchandisation des mers. Le régime spéculatif (un océan de commerce, un océan de richesses) s'évanouit et laisse apparaître la réalité pour ce qu'elle est : un espace maritime surexploité où les petits bateaux de pêche doivent s'écarter au passage des chalutiers et des porte-conteneurs, et se contenter des miettes, une fois les flots méthodiquement ratissés.

Quand un dysfonctionnement affecte le système d'exploitation d'un ordinateur, les informaticiens parlent d'une « erreur système ». Plus rien ne fonctionne, les demandes adressées par l'utilisateur ne peuvent être traitées par la machine, qui reste dans un état d'hébétude figée, comme K.O. L'origine de ce type d'erreur peut être humaine, mais elle peut aussi bien être liée à un problème matériel, ou à un conflit avec un logiciel en cours d'utilisation. Elle peut encore être liée à un dysfonctionnement du système d'exploitation lui-même. Mais l'erreur système se présente avant tout comme une mise à l'épreuve du système d'exploitation et de la continuité de la machine elle-même. Parfois, les erreurs système sont absolument irrécupérables, l'utilisateur est alors condamné à se débarrasser de la machine après s'être livré à diverses sortes d'incantations ou de menaces contre l'appareil. Parfois, au contraire, l'erreur système est soluble, mais il faut alors reprendre le programme du système d'exploitation. Ne serions-nous pas aujourd'hui confrontés à un phénomène analogue, à une autre échelle ? Quand le système se met à ne plus pouvoir traiter les demandes, on court au *crash*. À moins que celui-ci ne se soit déjà produit ?

11. Jatin Dua, « A sea of trade and a sea of fish : piracy and protection in the western Indian Ocean », *Journal of Eastern African Studies*, vol. 7, n° 2, 2013, p. 353-370.

5. VERS LA CRISE LOGISTIQUE

Alors que la seconde vague épidémique de Covid-19 qui a affecté l'Inde au printemps 2021 atteignait son pic, le gouvernement de Narendra Modi a annoncé en grande pompe le lancement des *Oxygen Express*, des trains spécialement affectés au transport du gaz vital à travers le pays. Le caractère volontariste et empreint de nationalisme de cette entreprise visait à pallier le fiasco des semaines précédentes. Dans les villes les plus touchées comme New Delhi, le nombre de décès croissant était directement lié au manque de ressources médicales de base, en premier lieu l'oxygène. La situation devenait critique : un rationnement avait été mis en place dans plusieurs États ; dans le Madhya Pradesh, une bande organisée avait dérobé les bouteilles livrées à un hôpital ; beaucoup de centres de soins fermaient tout simplement leurs portes aux patients faute de moyens ; et même certains parmi les mieux dotés avertissaient qu'il ne leur restait plus d'oxygène que pour quelques heures [1]. Pourtant, à en croire le gouvernement, l'Inde n'était pas menacée par une rupture d'approvisionnement : le pays produisait quotidiennement de l'oxygène, et ses exportations avaient même crû de manière significative au cours des mois précédents. Pourquoi le pays se retrouvait-il alors dépendant de l'aide extérieure en matière d'oxygène, de ventilateurs, de bouteilles d'air comprimé et de fûts cryogéniques ? Selon les autorités, le problème provenait principalement des difficultés à allouer rapidement les bouteilles là où c'était nécessaire. Les trains

1. Arunabh SAIKIA, « How grave is India's oxygen emergency ? Worse than the government admits », *Scroll.in*, 22 avril 2021.

Oxygen Express, chargés de camions provenant directement des sites industriels où l'oxygène médical était produit, évitant les embouteillages et autres ralentissements coutumiers sur les routes indiennes, devaient remédier à un problème de transport, et non à une pénurie de matériel. Les images de ces véhicules chargés de bonbonnes et de cylindres font partie de celles que la pandémie de coronavirus est venue imprimer sur nos rétines sidérées : qui aurait pu croire qu'un tel dispositif serait un jour nécessaire afin de permettre à des gens de respirer ? Qu'est-ce qui a fait qu'une simple respiration, pour être garantie, puisse requérir un appareillage si complexe de rails, de routes, de voies aériennes, de camions, de trains, d'avions et d'aide internationale ?

La situation indienne, quoique particulièrement dramatique, est loin d'avoir constitué un cas isolé. Au cours de la pandémie, la plupart des pays du monde ont été confrontés à des dilemmes similaires, auxquels ils ont proposé des solutions tout aussi saisissantes. Faut-il mentionner le « pont aérien » instauré entre la France et la Chine pour réapprovisionner des réserves de masques qui auraient dû être disponibles au premier jour de la crise ? La crise globale provoquée par la pandémie a révélé d'une façon brutale l'interdépendance des multiples fractures du royaume logistique. Elle a montré qu'il ne s'agit plus de déplorer une forme de pollution ici, une sécheresse ou une famine là, le manque de traçabilité dans un cas ou des opérations frauduleuses dans l'autre. Elle a imposé d'aller plus loin dans la compréhension des vulnérabilités politiques, sociales, techniques qu'un système pourtant vanté à toute épreuve a engendrées. Elle nous a aussi incités à penser ensemble des problèmes souvent considérés de façon distincte, sous la forme d'une simple liste de dysfonctionnements. Elle a enfin éclairé le scandale que constitue ce paradoxe sous-jacent de la politique des flux, à savoir que l'intensification de ces derniers est indissociable de l'exacerbation d'un antagonisme entre excès et pénurie. Plus les marchandises circulent, plus leur manque devient un problème critique, plus la précarité d'accès et l'absence des biens deviennent insupportables.

PÉNURIES ET RESTRICTIONS

À bien des égards, la crise déclenchée par la pandémie au cours de l'hiver 2019-2020 a appelé la mise en œuvre d'une logistique de crise. Pénuries de masques, de gel hydroalcoolique, de réactifs pour les tests, de certains médicaments essentiels, mais aussi rayonnages de supermarchés vides, ruptures de stock réduisant de moitié la disponibilité de produits aussi élémentaires que les farines, le riz ou les pâtes, ou encore pannes d'approvisionnement pour des produits soudain très demandés, tels que bicyclettes, raquettes à neige ou jeux vidéo. La scène capitale de ces manques, le site clé où les pénuries se sont manifestées avec la plus grande acuité, a d'abord été le secteur hospitalier, qu'on a découvert vidé de ses substances – travailleurs, outils, argent. Il a alors fallu se lancer « dans la bataille » et reprendre la métaphore logistique en la croisant avec celle, si chère au gouvernement, de la guerre. Ainsi, dès le début de la crise, le professeur de médecine et homme politique Philippe Juvin décrivait la situation comme relevant d'une « guerre logistique[2] ». Concernant la prise en charge des malades, le ratio de lits d'hôpitaux par habitant prenait tout son sens au moment où ceux-ci se trouvaient débordés : 7 lits pour 1 000 habitants en France, 8 en Allemagne, 12 en Corée du Sud, 3 aux États-Unis, 1 en Inde. L'infrastructure faisait clairement défaut dans un grand nombre de pays et, face à l'afflux de patients, il fallut inventer des solutions : transport par train pour délester les hôpitaux des zones les plus touchées ; déploiement d'un hôpital de campagne par l'armée à Mulhouse, sous tente… Les hôpitaux mirent en place des cellules de gestion des flux afin d'orienter les malades potentiels vers les unités réservées, mais aussi pour assurer un *turnover* entre les patients en cours de traitement et ceux qui ne cessaient pas d'affluer pendant les mois de mars et d'avril 2020, et dont il fallait bien assurer la prise en charge. Le flux de personnel lui aussi était contraint par le manque de ressources humaines disponibles : réorganisation complète des emplois du temps, gestion des absences liées à la contraction du virus, organisation des mouvements du

2. Philippe Juvin, « Matinale », France Inter, 23 mars 2020.

personnel dans les centres de soins, mise en œuvre d'un protocole de protection (équipement, gestes, etc.). Il s'agissait au fond d'un immense programme de *triage* des flux visant à pallier le manque de ressources disponibles [3].

La crise des flux dans le monde hospitalier s'est accompagnée d'un autre phénomène : les restrictions sur les déplacements pendant les périodes de confinement et de couvre-feu. Sans précédent en temps de paix, elles ont entériné des privations de liberté individuelle, du droit d'aller et venir ou de se réunir qu'on pensait jusqu'ici incompatibles avec un régime de démocratie libérale [4]. En outre, la fermeture des frontières, la réduction drastique du transport des personnes, qui s'est traduite par une chute de 75 % des vols internationaux, ont révélé la fragilité, voire la réversibilité des idéaux qui ont soutenu l'expansion du modèle libéral. L'intensité de la propagation initiale du virus était d'ailleurs directement liée à celle des flux de personnes, et le trafic aérien a joué un rôle essentiel dans sa diffusion [5]. Surtout, l'état d'urgence sanitaire a légitimé dans la grande majorité des pays du monde la multiplication des dispositifs de surveillance, de contrôle et de contrainte.

Ces restrictions ont été vécues de façon diverse par les populations et sont venues renforcer un ensemble d'inégalités, comme cela est apparu au cours des divers confinements. Rien de commun, bien sûr, entre le quotidien confiné d'une famille migrante cloîtrée dans une chambre d'hôtel, évitant de sortir par peur des contrôles et des violences policières, et celui d'un jeune couple de cadres partis télétravailler dans une maison louée à la campagne [6]. Mais, de façon générale, l'hyper-contrôle des corps et de leurs mouvements qui a été la marque de cette crise frappe comme une régression de grande ampleur par rapport au projet

3. Jean-Paul GAUDILLIÈRE, Caroline IZAMBERT et Pierre-André JUVEN, *Pandémopolitique. Réinventer la santé en commun*, La Découverte, Paris, 2021.
4. IDEA, *Taking Stock of Global Democratic Trends Before and During the Covid-19 Pandemic*, Special Brief, décembre 2020.
5. Jérôme BASCHET, *Basculements. Mondes émergents, possibles désirables*, La Découverte, Paris, 2021.
6. Anne LAMBERT et Joanie CAYOUETTE-REMBLIÈRE (dir.), *L'Explosion des inégalités. Classes, genre et générations face à la crise sanitaire*, L'Aube, La Tour-d'Aigues, 2021.

porté par les démocraties libre-échangistes dont Michel Foucault analysait l'élaboration. Alors que le philosophe semblait prédire la sophistication sans fin des processus de régulation des circulations, le caractère quasi médiéval de la fermeture, de l'arrêt, de l'enfermement indique au contraire leur réversibilité et l'inconsistance des idéaux dont ils s'autorisent. Et ceci, malgré le vernis moderniste de l'application StopCovid.

Enfin, la pandémie a mis au jour les nombreuses failles du système de transport des marchandises. On a en effet assisté à un dérèglement total des capacités à faire circuler des objets. Cela a commencé par une histoire de papier toilette qu'il était tentant de considérer comme anodine. Mais lorsque, en avril 2020, le prix du baril de pétrole est devenu négatif aux États-Unis parce que les capacités de stockage étaient saturées, l'idée a commencé à se former que les « perturbations » allaient être plus nombreuses que prévu. Au fil de l'année, ces craintes se sont vérifiées : les tensions très fortes sur l'approvisionnement en certains produits pour les grandes surfaces lors de la phase initiale du confinement ont été suivies par des ruptures de stock sur les vélos, puis par une pénurie de bois de construction en partie provoquée par les velléités architecturales de millions d'apprentis bâtisseurs, pour n'en citer que quelques-unes. Et lorsque le commerce international est reparti au printemps 2021, ce sont les conteneurs eux-mêmes qui sont venus à manquer ! Un phénomène qui s'est accompagné d'une dramatique hausse du prix de la boîte de métal.

Dans certains cas, les pénuries de matériaux ont affecté des secteurs simultanément et de façon transversale. Il en est allé ainsi de la pénurie et de la flambée des prix des matériaux semi-conducteurs, employés aussi bien par l'industrie automobile que par les fabricants de smartphones, d'ordinateurs et de consoles de jeux vidéo. Plus grave, des produits spécialisés essentiels ont cruellement manqué – c'est évidemment le cas des vaccins dont la production est restée trop faible, limitée par l'application aveugle de droits de propriété intellectuelle et l'absence d'une politique importante de transfert de technologie. Une crise alimentaire s'est aussi installée dans de nombreux pays, avec la hausse du prix des aliments liée au surstockage et à des dysfonctionnements de l'offre. Cette crise a durement frappé les populations des pays en développement. Les raisons de ces pénuries étaient multiples : hausse brutale de la demande (comme cela a été le cas pour les ordinateurs), mise à l'arrêt des usines et des sites de fabrication localisés en Chine (affectant par exemple l'industrie automobile), appropriations et captures multiples fondées sur l'« intérêt national » (à l'œuvre pour les biens essentiels de santé). Les conséquences de ce dérèglement général se sont encore une fois fait d'abord sentir pour les travailleurs des secteurs les plus exposés – en premier lieu, donc, dans les entrepôts logistiques [7], mais également sur les porte-conteneurs. En octobre 2020, le Haut Commissariat aux droits de l'homme des Nations unies alertait sur le fait que 400 000 marins étaient bloqués en mer, la plupart depuis de nombreux mois, sans possibilité de débarquer en raison des mesures de confinement et de fermeture des frontières. Depuis leurs prisons flottantes, ceux-ci transportaient sans relâche les marchandises commandées par d'autres depuis la terre ferme. À la crise sanitaire a aussi correspondu une immense crise logistique.

FAILLES, FAILLITES, FORTUNES

Comment expliquer ce grippage généralisé ? De quelles déficiences témoigne-t-il ? D'un côté, la logistique étatique a été défaillante, et les mécanismes d'allocation par le marché le lui ont disputé en confusion et en iniquité. Mais, de l'autre côté, la gravité de l'alarme n'a pas débouché sur une désintégration du système. Elle a même pu se révéler très profitable pour certains secteurs clés qui en sont sortis renforcés, et leurs modèles d'organisation avec eux. À certains égards, ce qui est apparu aux yeux de la plupart d'entre nous comme un désastre a été lu par d'autres comme une gigantesque opportunité, l'occasion inespérée d'un triomphe anticipé. Drôle de crise, donc, que la crise logistique déclenchée par

7. Carlotta BENVEGNÙ, David GABORIEAU, Haude RIVOAL et Lucas TRANCHANT, « Expositions différenciées et résistances sanitaires : les premiers mois d'épidémie dans les entrepôts logistiques », *Mouvements*, n° 105, 2021.

l'épidémie : faillite d'une conception de l'organisation dans son ensemble, ou simple remplacement d'un pouvoir par un autre, voire d'une pratique de commerce par une autre ?

Une première interprétation pointe du doigt les modes de gestion gouvernementaux et administratifs de la crise. La forte personnalisation du pouvoir assumée par les *leaders* populistes de droite comme Jair Bolsonaro, Donald Trump ou Narendra Modi a facilité leur mise en cause directe dans l'échec. De façon plus générale, cette critique blâme les formes d'organisation étatique de la réponse sanitaire, comme le pouvoir démesuré accordé à des institutions *ad hoc* [8]. Une seconde lecture incrimine à l'inverse le choix du « tout-marché », son expansion incessante malgré son incapacité notoire à assurer protection et bien-être dans les domaines essentiels qu'il a colonisés, comme la santé, la recherche ou l'éducation [9].

En France, l'entremêlement de ces interprétations a été mis en évidence lors de la crise des masques. Le 26 janvier 2020, la ministre de la Santé Agnès Buzyn était pourtant formelle : il n'y aurait pas de pénurie des masques dans le cas où l'épidémie s'étendrait dans le pays. Un mois plus tard, le ton du gouvernement changea brutalement : il s'agissait alors de réquisitionner tous les masques disponibles pour les distribuer au personnel soignant (décret ministériel du 13 mars). Mais il ne suffisait pas de décréter pour que les masques soient disponibles et, du côté du ministère de la Santé, on prenait conscience avec un peu d'embarras que le stock de masques était d'un peu plus de 100 millions d'unités, contre 1 milliard dix ans auparavant. Qu'à cela ne tienne, il restait toujours la possibilité de soutenir que le port du masque n'était pas si efficace que cela, que les personnes qui les utilisaient en faisaient souvent mauvais usage. Et pourtant déjà, au niveau international, des escarmouches se multipliaient. La République tchèque avait intercepté une cargaison provenant de Chine et à destination de

8. Henri BERGERON, Olivier BORRAZ, Patrick CASTEL et François DEDIEU, *Covid-19. Une crise organisationnelle*, Presses de Sciences Po, Paris, 2020.
9. Barbara STIEGLER, *De la démocratie en pandémie. Santé, recherche, éducation*, Gallimard, Paris, 2021.

l'Italie, tandis que les États-Unis rachetaient, au nez et à la barbe de la France, une livraison sur le tarmac d'un aéroport chinois. En France, les journalistes d'investigation et les syndicats dénonçaient le scandale sanitaire que constituait l'impréparation gouvernementale en la matière. De nombreuses raisons étaient avancées. C'était en partie la faute de l'exécutif, qui avait refusé de prêter attention à la diffusion rapide et massive de l'épidémie, se montrant volontiers paternaliste et rassurant pour éviter de perturber trop inopinément la vie économique. C'était en partie la faute des politiques industrielles : en arrêtant de commander des masques à Plaintel, l'usine bretonne qui en fabriquait, l'État l'avait laissée en déshérence, et elle avait été rachetée par une entreprise états-unienne. C'était en partie la faute de la financiarisation dans une économie globale : Honeywell, le groupe américain en question, n'avait jamais investi autrement dans la firme qu'en vue d'une pure opération financière, ce qui avait conduit à sa fermeture. C'était enfin en partie la faute des délocalisations et d'une économie en flux tendu complètement inadéquate face à une crise mondiale entraînant une demande simultanée de la part de tous les pays. Mais c'était surtout l'alliance entre l'État et le marché qui venait de montrer ses limites, celle-ci ne permettant à l'évidence pas de répondre aux enjeux du monde instable que nous avons construit.

Du côté du secteur privé, l'occasion était trop belle pour ne pas être saisie : les cabinets de conseil allaient pouvoir vendre leur lot d'améliorations, d'innovations et de « solutions techniques » afin de permettre à la croissance de reprendre tant et plus. Il suffisait pour cela de bien identifier les blessures du système et d'y déposer avec amour de petits pansements managériaux. Très tôt après le début de l'épidémie, le cabinet Deloitte avait pourtant dressé un constat plutôt critique de la fragilité des chaînes logistiques : « Leur nature globale et interdépendante les a rendues de plus en plus vulnérables à une grande variété de risques, accroissant leurs points faibles et réduisant la marge d'erreur permettant d'absorber les délais et les perturbations. » Mais, tout en pointant certaines raisons de cette fragilisation – stratégies d'optimisation et de minimisation des coûts, et intensification de l'utilisation des actifs des entreprises –, il ne trouvait rien de mieux, en guise de solution, que de vanter les progrès des technologies de l'information et de la communication : Internet des objets, *cloud computing*, 5G et intelligence artificielle[10]. Dans les mois qui ont suivi, d'autres ont renchéri : il fallait à tout prix rendre les entreprises plus résilientes face aux chocs à venir, et rendre pour cela les chaînes d'approvisionnement plus transparentes, identifier les risques cachés, diversifier les sources d'approvisionnement, et mieux gérer les stocks en augmentant les réserves et en envisageant des scénarios de crise[11].

Au regard des succès indéniables rencontrés par les géants de la logistique et de l'économie des plateformes, il existe de toute évidence un avenir radieux pour une logistique réformée. Amazon, Uber Eats, Zoom, Netflix : les grandes entreprises de la logistique et du numérique ont été les grandes gagnantes de l'épidémie, avec les industries pharmaceutiques dont les actions ont vu leurs cours s'envoler[12]. Le secteur du transport de marchandises a été beaucoup moins touché que prévu, et les anticipations dramatiques ont été pour l'instant démenties par la reprise des échanges économiques. Mais y a-t-il pour autant matière à se satisfaire de l'efficacité avec laquelle les dispositifs politiques et marchands contemporains permettent d'allouer des biens aux citoyens des différents pays du monde ? Ne serait-ce pas se détourner un peu trop rapidement du fait que des biens aussi vitaux que les médicaments et les vaccins manquent dans la plus grande partie du monde, alors même que les capacités industrielles permettant de les produire existent ? On peut sans doute se féliciter que les consoles de jeux vidéo et les plats préparés aient pu circuler, mais comment s'accommoder des pénuries sur les biens les plus essentiels ? De même, la pandémie a été une occasion rêvée de « transformer les stocks d'étudiants

10. DELOITTE, *Covid-19. Managing Supply Chain Risk and Disruption*, rapport, février 2021.
11. MCKINSEY, *Supply-Chain Recovery in Coronavirus Times – Plan for Now and the Future*, rapport, mars 2020 ; Willy C. SHIH, « Global supply chains in a post-pandemic world : companies need to make their networks more resilient. Here's how », *Harvard Business Review*, vol. 98, n° 5, 2020, p. 82-89.
12. Robert BOYER, *Les Capitalismes à l'épreuve de la pandémie*, La Découverte, Paris, 2020.

en flux de connexions[13] », mais, au-delà de ce tour de passe-passe sémantique et technique, peut-on affirmer que les problèmes d'accès à l'enseignement et au savoir ont été surmontés ? Il ne suffira pas de rendre les circuits d'approvisionnement plus transparents, de mieux planifier des stocks ou de faire usage de l'Internet des objets pour que les besoins soient satisfaits de façon équitable. Les approches entrepreneuriales visant à réformer les pratiques pour prévenir les futures crises ne valent qu'à condition de regarder les flux par le petit bout de la lorgnette – et lorsque celle-ci est tournée vers le succès économique des entreprises les plus puissantes.

On peut certainement « améliorer » le régime logistique, comme le proposent les analystes du marché, pour le rendre plus rapide, plus efficace, plus intense. C'est même un projet tautologique au sein du royaume logistique, qui vise précisément cela : l'optimisation et la valorisation continue du mouvement. Mais on ne réparera jamais le tort élémentaire produit par un régime dans lequel l'allocation des ressources est organisée en vertu d'un principe de profit et d'efficience marchande plutôt que suivant la planification des besoins auquel il s'agit de répondre. Rien de plus éloigné du régime logistique que la notion de « bien essentiel » : il nous faudra nous contenter, avec nos applis de traçabilité et nos objets interconnectés, d'accéder à foison aux biens dont les firmes veulent nous gaver. Pour celles et ceux qui préféreraient garantir l'accès aux médicaments plutôt qu'à des gadgets, il faudra changer de monde.

RÉFORMER POUR MIEUX SAUTER

L'autre phénomène que l'approche réformiste de la logistique ignore délibérément, c'est la dimension environnementale globale des problèmes auxquels la société contemporaine est confrontée, et que la pandémie nous a pourtant agitée sous les yeux avec insistance. Elle concerne intimement le rapport construit par nos sociétés avec la nature. Le fait que la famille de virus du Covid-19 se transmette de la chauve-souris à l'humain, y compris par le biais d'hôtes

13. Barbara Stiegler, *De la démocratie en pandémie*, *op. cit.*, p. 44.

intermédiaires, le fait que la crise ait commencé par se répandre autour d'un marché chinois d'animaux vivants doivent aussi nous interpeller sur le type de configurations sociale, technique et naturelle dans lesquelles nos sociétés sont engagées. Le marché de gros Huanan de Wuhan, à partir duquel il est probable que l'épidémie de coronavirus a commencé à se propager, est principalement dédié à la vente de produits de la mer. Sa partie occidentale héberge également des étals vendant des animaux sauvages. Il occupe une surface de 50 000 m^2 et contient plus de 1 000 échoppes, et on y trouve aussi bien des mammifères (de la loutre au chameau) que des oiseaux (par exemple de l'autruche), des reptiles en tout genre et des insectes. Les marchés comme celui-ci n'ont pas manqué d'être stigmatisés par certains médias pour leur manque supposé d'hygiène et pour l'apparente barbarie qui consiste à vendre des animaux comme le pangolin pour satisfaire les besoins de consommation d'une clientèle de rustres. En d'autres termes, le marché de Huanan était présenté comme un symptôme d'arriération, indigne de participer à la modernité dont la Chine actuelle se présentait, de façon présomptueuse sans doute, comme un moteur.

Ce marché, par le rôle qu'il a probablement joué dans la propagation de l'épidémie, est pourtant une institution moderne par excellence, et bien peu de choses le séparent des sites les plus emblématiques du régime agroalimentaire contemporain – élevages, abattoirs, usines. Il témoigne de l'industrialisation de la consommation, de l'exploitation massive de la vie animale, de l'extraction de valeur environnementale caractéristiques de notre monde. Il est une illustration supplémentaire de l'industrialisation croissante du vivant. Les années 1990 et la libéralisation de la Chine ont conduit un grand nombre de petits fermiers, exclus de l'élevage, à se tourner vers la capture d'animaux qui étaient jusque-là consommés uniquement localement [14]. En retour, les denrées qui se trouvent sur le marché ne sont pas seulement locales : elles sont insérées dans des circuits commerciaux internationaux d'approvisionnement. Dans

14. Christos LYNTERIS et Lyle FEARNLEY, « Why shutting down Chinese "wet markets" could be a terrible mistake », *The Conversation*, 31 janvier 2020.

cette perspective, l'exploitation animale, la promiscuité, l'étendue des réseaux d'approvisionnement et de distribution constitués – tout comme la proximité de la gare et du marché – ont pu jouer un rôle déterminant dans la diffusion de l'épidémie.

Il ne suffira donc pas d'amender les chaînes logistiques et d'en écarter les éléments les plus apparemment dysfonctionnels pour régler le problème ; de même qu'il ne suffira pas de formuler des normes et des réglementations plus contraignantes pour délivrer les chaînes d'approvisionnement de leurs démons. Quel est l'intérêt de renforcer la « sécurité » des chaînes de distribution au moyen d'un management de crise alors que le cœur du problème est justement la manière dont ces crises sont produites ? La prochaine pandémie, le prochain tsunami, le prochain tremblement de terre, les prochains méga-feux : il est certainement possible de chercher à en protéger les infrastructures de flux. Mais à quelle conception de la « sécurité » ou de la « gestion du risque » faut-il souscrire pour se lancer dans une entreprise de réforme qui ne tiendrait pas compte des causes de ces événements [15] ? À combien de reprises faudra-t-il rappeler que c'est justement le développement mondial de la société de consommation qui en alimente la prolifération ? Cela est d'autant plus important et urgent que certaines des « solutions » qui se sont dessinées dans les dernières décennies sont loin d'être rassurantes. On a vu par exemple le désastre humanitaire qu'a constitué la gestion par l'Union européenne de la « crise migratoire » de 2015. Comment un tel régime logistique pourra-t-il prendre en charge les 143 millions de migrants climatiques estimés à l'horizon 2050 [16] ? Et, en matière sanitaire, suffira-t-il de compléter la panoplie logistique par des stocks de vaccins en même temps que se diffuseront de nouveaux virus [17] ?

15. Frédéric LEMARCHAND, « Covid : risque ou catastrophe ? Ce dont il est question, précisément », *Terrestres*, 12 juin 2020.
16. Selon les estimations de la Banque mondiale citées par Jacques VÉRON, *Faut-il avoir peur de la population mondiale* ? Seuil, Paris, 2020, p. 195.
17. Sur le stockage de données biologiques, virus, vaccins, antiviraux, voir Frédéric KECK, *Les Sentinelles des pandémies*, Zones sensibles, Bruxelles, 2020.

FABRIQUER DES RUINES

Dans l'un de ses récits, Jorge Luis Borges imagine un empire où l'art cartographique aurait fait preuve d'une telle précision qu'aurait été mise au point une carte à l'échelle 1/1, coïncidant littéralement avec le territoire du royaume. Comment, dès lors, distinguer le réel de sa représentation ? Quelle différence peut bien encore subsister entre la copie et l'original lorsque ceux-ci coïncident point par point ? Borges raconte que les générations suivantes, considérant l'inutilité d'un tel artefact, l'abandonnèrent dans des déserts, où subsistent des « Ruines très abîmées de la Carte [18] ». Dans son analyse de ce texte, le philosophe Louis Marin souligne l'effet du temps comme opération de mise au jour du caractère second de la carte, dont ne demeurent que des restes, des débris, tandis que le monde réel, lui, perdure dans son entièreté. « Ainsi avec la durée, dans l'abandon, le double apparaît-il comme le double de..., donc différent. Aussi cesse-t-il d'être le double indiscernable et apparaît-il alors avoir été le produit de l'histoire au temps même où la coïncidence était parfaite [19]. »

Expert dans l'art du dédoublement, Borges pourrait bien nous avoir suggéré en même temps une tout autre leçon, et l'interprétation du texte proposée par Marin ne doit pas être tenue pour définitive. On pourrait encore y lire une méditation sur l'absurdité et la destructivité d'une entreprise impériale visant au contrôle intégral de l'espace. Les vestiges de la carte ne figureraient alors pas tant les traces d'une ambition déçue que le parachèvement d'un projet d'occupation de l'environnement. On pourrait même penser que le royaume logistique, voué comme il est à s'effondrer sur lui-même, est l'exemple éclatant d'un objectif d'édification de ruines. Ruines infrastructurelles, sociales, environnementales. Paysages en décomposition, liens sociaux désagrégés, sites industriels vidés et laissés à l'abandon. Dans cette perspective, les débordements, les reflux, les mauvaises connexions qui font hoqueter

18. Jorge Luis BORGES, « De la rigueur de la science », *Histoire universelle de l'infamie/Histoire de l'éternité* [1946], 10/18, Paris, 1994, p. 107.
19. Louis MARIN, « L'utopie de la carte », *Utopiques. Jeux d'espace*, Minuit, Paris, 1973, p. 291-296.

l'organisation logistique seraient, bien davantage que de simples perturbations, les manifestations d'un désir de ruines consubstantiel à ce pouvoir de mort dont Achille Mbembe a fait l'analyse [20].

La crise ne serait plus alors ce moment où tout échappe, se dérègle, fuit, mais le franchissement d'une étape supplémentaire dans le modelage de contrées dévastées. Ne sommes-nous d'ailleurs pas conviés par nos gouvernements à mener des existences « résilientes », c'est-à-dire à nous accommoder des désastres en cours ? Il ne resterait plus qu'à apprendre à vivre dans ce monde de désastres, piégés entre surproduction, pénuries et surexploitation. De même que dans les ruines de la carte imaginée par Borges subsistent des mendiants, des animaux, il nous faudra sans doute désormais « vivre avec ». Mais quelles sont les formes de vie appropriées à cette nouvelle histoire ? Et surtout, quelles sont les ressources qui leur restent pour protester, affirmer des modèles alternatifs d'existence et imaginer ensemble d'autres trajectoires ? Pour l'entrevoir, il faut se tourner vers les modes de contestation qui émergent aujourd'hui en écho à ce fracas.

20. Achille Mbembe, « Nécropolitique », *Raisons politiques*, n° 21, 2006, p. 29-60.

6. FAIRE BARRAGE

ORDRE IMPÉRIAL ET MUTINERIES

Les régimes coloniaux ont fait preuve d'une imagination débordante pour créer de toutes pièces des hiérarchies professionnelles et raciales aux fins du maintien de leur domination. Dans l'Empire britannique, de même que la main-d'œuvre asiatique n'était pas composée de travailleurs ou d'ouvriers mais de *coolies*, les soldats indiens étaient des *sepoys*, et les marins non européens des *lascars*[1]. Ce dernier terme, dérivé d'un mot persan désignant l'appartenance à une bande armée, avait d'abord servi à nommer les Indiens rattachés aux forces militaires britanniques ou portugaises. Dans le courant du XVIIIe siècle, son usage s'appliqua peu à peu au personnel employé sur les navires – il désignait en priorité les marins sud-asiatiques mais recouvrait une population indocéanique très hétérogène, originaire de la péninsule Arabique jusqu'aux Philippines. Aux XVIIIe et XIXe siècles, les équipages de lascars travaillaient aussi bien sur des navires chargés d'esclaves dans l'Atlantique que sur des baleiniers du Pacifique ou à bord de bateaux engagés dans les guerres napoléoniennes, mais c'est sans conteste pour le transport de marchandises que leur concours était le plus souvent sollicité[2].

La vie des lascars était marquée à bord par différentes formes de discrimination et d'oppression. Manque de nourriture, punitions et sanctions arbitraires ponctuaient les journées. La tyrannie exercée

1. Aaron JAFFER, *Lascars and Indian Ocean Seafaring, 1780-1860*, Boydell Press, Martlesham, 2015.
2. *Ibid.*, p. 9.

par les officiers de bord et les vexations étaient parfois telles qu'une mutinerie éclatait. Les officiers, battus, leurs vêtements mis en loques au cours des échauffourées, étaient alors jetés par-dessus bord et harponnés une fois à l'eau, quand ils n'étaient pas parvenus à prendre la fuite à temps. La paperasse était détruite pour effacer les traces administratives concernant l'équipage, la marchandise pouvait être saisie et utilisée en échange de la protection d'une éminence locale une fois à terre. Et le navire lui-même pouvait être coulé, afin d'effacer toute trace de la révolte et de la fuite de l'équipage, laissant les autorités en quête d'un vaisseau et d'un équipage disparus en mer. Un épisode semblable est imaginé par Amitav Ghosh, qui lui donne un souffle épique, dans *Un océan de pavot* (2010), le premier tome de sa trilogie haletante consacrée à l'océan Indien.

Au fil des siècles, la contestation des marins de l'Empire s'est organisée et a donné lieu à d'autres manifestations de mécontentement. En 1908 s'est formé à Calcutta le premier syndicat de marins indiens, suivi d'une initiative similaire en 1914 à Bombay[3]. Leur coordination progressive a même fini par montrer de quoi les marins étaient capables face à l'Empire. En août 1939, alors que l'Europe courait à la guerre, une grande grève éclata. À peu près au même moment, au Mozambique, en Afrique du Sud, sur les côtes indiennes, en Australie, et assez rapidement après en Angleterre, les marins s'arrêtèrent de travailler, réclamant de meilleures conditions de travail, de plus hauts salaires, ainsi qu'une compensation pour le labeur qu'ils s'apprêtaient à accomplir en période de guerre. Les bateaux furent mis à quai, des piquets de grève organisés dans les bureaux de recrutement et parfois sur les navires mêmes. Des marins furent arrêtés un peu partout, des tentatives d'intimidation eurent lieu – jusqu'à quatre cents marins furent enfermés dans les prisons britanniques[4]. Mais, pour les autorités, il était indispensable d'utiliser les navires en temps de guerre, et le blocage

3. G. Balachandran, *Globalizing Labour ? Indian Seafarers and World Shipping, c. 1870-1945*, Oxford University Press India, Noida, 2012.
4. *Ibid.*, p. 258-264.

organisé par les marins grévistes devait prendre fin au plus vite. Des négociations furent menées, et les demandes d'augmentation partiellement exaucées. Surtout, les marins avaient brandi sous les yeux de l'Empire les preuves de sa fragilité. Par son besoin irrépressible de faire se mouvoir les hommes et les choses, l'Empire était à la merci des populations mêmes qu'il exploitait tout en les discriminant. Ce qui faisait la grandeur de l'Empire – une toile de transport et de commerce tissée grâce à l'exploitation des populations racisées et méprisées – était en même temps l'un de ses principaux points faibles. En 1946, de nouvelles mutineries dans la marine, déclenchées par des militaires, joueront ainsi un rôle clé dans l'accession à l'indépendance de l'Inde [5]. En définitive, ces mutineries et ces révoltes de marins ne disent donc pas autre chose : pour faire plier l'Empire, il faut le toucher aux jambes, dans sa capacité à se mouvoir. Au royaume des flux, résister, c'est mettre les navires à quai, bloquer les circulations, envahir les places, couper les ponts, tenir les ronds-points : faire barrage.

COUPONS LES PONTS – INTERVENIR SUR LES SITES

Selon la sociologue Beverly Silver, le monde des transports fut le théâtre de plus du tiers des conflits de travail entre 1870 et 1996 [6]. Parmi ceux-ci, plus de la moitié prirent place dans la marine marchande et sur les docks. Les révoltes de lascars aux XVIIIe et XIXe siècles et les grèves de marins du XXe siècle témoignent d'un ancrage de telles protestations sur la longue durée. La période contemporaine manifeste quant à elle une multiplication et un renouvellement très importants des luttes liées aux circulations. En étendant la chaîne de production des marchandises dans des pays toujours plus nombreux et éloignés les uns des autres, en accroissant le nombre d'intermédiaires, en segmentant les services de transport, le capitalisme contemporain a grossi les rangs d'un

5. Sanjeev SANYAL, *The Ocean of Churn. How the Indian Ocean Shaped Human History*, Penguin/Viking, Gurgaon, 2016.
6. Beverly SILVER, *Forces of Labor, Workers' Movements and Globalization since 1870*, Cambridge University Press, Cambridge, 2003. L'auteure s'appuie sur les données quantitatives historiques constituées par le World Labor Group.

vaste groupe de travailleuses et de travailleurs – les tâcherons de la logistique, qui besognent sur les quais des ports, dans les entrepôts et les centres de distribution, sur des navires ou à bord de trains et de camions, quand ce n'est pas au guidon de leur vélo. La grande majorité d'entre eux vivent dans les pays du Sud, effectuent des tâches souvent dangereuses dans des conditions d'exploitation intensive. Il s'agit d'un « groupe clé de travailleurs à l'avant-poste des luttes de travail dans le monde[7] », auquel on pourrait ajouter d'autres catégories d'opérateurs et d'opératrices qui, outillés de leurs téléphones ou de leurs claviers d'ordinateur, recueillent des informations sur les trajectoires, analysent des données de mobilité, réservent des vols et organisent des livraisons. Alors même que les travailleurs et travailleuses de la logistique occupent souvent des positions subalternes et sont parmi les derniers à bénéficier de l'enrichissement engendré par l'économie mondiale, ils occupent des positions stratégiques dans la chaîne de distribution. Comme l'indiquent le sociologue Jake Alimahomed-Wilson et l'activiste Immanuel Ness :

> Leurs places de travail sont aussi dans les goulets d'étranglement (*choke points*) du monde – des sites critiques de la chaîne globale d'approvisionnement capitaliste –, ce qui, à condition d'être organisé par les classes laborieuses, peut constituer un défi majeur à la « bonne circulation » du capital, essentielle à la pérennisation du capitalisme. En d'autres termes, la logistique est aujourd'hui un site crucial d'accroissement du pouvoir de la classe ouvrière[8].

Force est de constater que les conflits de travail liés à la logistique sont innombrables autour de la planète. Des *dockers* chinois, grecs et chiliens aux camionneurs palestiniens et aux transporteurs de pétrole en Indonésie, les motifs de protestation sont innombrables. Mais surtout, des moyens de pression quasiment sans précédent sont à la disposition des travailleurs, qui peuvent

7. Jake Alimahomed-Wilson et Immanuel Ness (dir.), *Choke Points. Logistics Workers Disrupting the Global Supply Chain*, Pluto Press, Londres, 2018, p. 2.

8. *Idem*.

décider collectivement de boucher un goulet d'étranglement pour mettre un terme provisoire aux circulations marchandes. De ce point de vue, la situation actuelle est paradoxale, sinon ironique : une portion importante de la classe ouvrière internationale occupe une position qui lui confère un rôle essentiel dans les mouvements sociaux, alors même que les droits syndicaux sont bafoués comme jamais, les possibilités de manifester de plus en plus réduites, et les collectifs professionnels complètement atomisés [9].

Les conflits émergents dans des firmes comme Amazon ou Uber sont révélateurs de l'ambiguïté de la situation. Amazon est en première ligne de ces conflits, même si l'entreprise est célèbre pour le talon de fer qu'elle oppose à la contestation sociale. En avril 2020, un mouvement de grève a rassemblé des codeurs et des ingénieurs pour protester contre une charrette de licenciements. Parmi les revendications exprimées à cette occasion figurait aussi le refus du harcèlement exercé sur les employés et des pollutions engendrées par la firme. De façon notable, la multinationale est à la fois touchée par des mouvements de grève et de protestation localisés (dans tel ou tel entrepôt, par exemple), mais aussi par des mouvements intercontinentaux [10]. C'était le cas le 15 juillet 2019, au cours de l'opération promotionnelle du *prime day*, quand des milliers de salariés de l'entreprise ont manifesté pour réclamer de meilleures conditions de travail, des hausses de salaire, et pour dénoncer la pression constante exercée sur les salariés afin qu'ils gagnent en efficacité : cadences accélérées, pauses raccourcies, contrôle du temps de travail et surveillance de l'activité. « Nous sommes des humains, pas des robots », indiquaient les pancartes brandies aussi bien aux États-Unis qu'en France, en Allemagne et en Pologne. Des conflits similaires se produisent régulièrement, notamment à l'occasion du *Black Friday*, au cours duquel des travailleurs et des travailleuses tentent de faire pression sur l'entreprise en perturbant le

9. Joe Allen, « Étudier la logistique », *Contretemps*, 18 mars 2016.
10. Magda Malinovska, Agnieszka Mroz et Alex N. Press, « Faire reculer Amazon ! En Pologne, les travailleur·euse·s s'organisent », *Contretemps*, 13 septembre 2021.

rythme de la distribution [11]. Les salariés d'Amazon occupent ainsi une position paradoxale, puisque la dimension internationale de la compagnie devrait permettre un activisme unitaire, alors même que tout est mis en œuvre pour faire taire la contestation et atomiser les conditions. Un travail de mobilisation internationale a toutefois permis de structurer des revendications collectives en passant outre l'isolement des sites [12].

L'entrepôt Geodis (filiale logistique privée de la SNCF) à Gennevilliers a connu à partir de 2015 un mouvement de grèves répétées qui s'est soldé par une victoire aux prud'hommes en 2020 [13]. Les salariés y dénonçaient la pénibilité et la dangerosité des tâches, mais aussi la multiplication des contrats courts, renouvelés d'année en année, parfois même d'une semaine à l'autre. Le rythme de travail était particulièrement intense sur cette plateforme spécialisée dans la réception et la réexpédition de colis en express. L'inspection du travail avait pointé à plusieurs reprises la non-conformité des installations, les risques induits par l'organisation des circulations sur le site, et les incidents se multipliaient. Un outil crucial à disposition des travailleurs, indiqué par David Gaborieau, a été le blocage. Un blocage de quatre heures en avril 2018 aurait occasionné une perte de 300 000 euros. Plus généralement, les ouvriers disposent d'outils et de savoir-faire qui leur permettent de bloquer les flux. Incendies de palettes, immobilisations de poids lourds : pour toucher le capital là où ça lui fait mal, stopper les circulations de marchandises.

Cette tactique consiste à mettre à l'arrêt le mouvement continuel des choses, des substances, des personnes, des écrits – ceci pour faire imploser leur existence comme flux. C'est l'approche adoptée par le Comité Invisible, qui propose une définition logis-

11. Razmig Keucheyan, *Les Besoins artificiels. Comment sortir du consumérisme*, Zones, Paris, 2019.

12. Transnational Strike Platform, « À l'intérieur d'Amazon. Grève et organisation transnationale dans le tourbillon de la logistique », *Mouvements*, n° 103, 2020.

13. David Gaborieau, « Geodis : ces batailles du flux des ouvriers de la logistique », *Rapportsdeforce.fr*, 2019 ; « Victoire des salariéEs aux prud'hommes pour Calberson-Geodis Gennevilliers », *L'Anticapitaliste*, 22 juillet 2020.

tique du pouvoir [14] et en appelle à bloquer les raffineries et les dépôts de carburant, les ponts, les ports, les places, les centrales électriques, les gares, etc. Le Comité Invisible relève à juste titre que les opérations de blocage opérées un peu partout lors des derniers mouvements ne sont pas le seul fait des travailleurs des sites bloqués, mais rassemblent un peu tout le monde. Ce qu'il résume par une formule efficace : « Si le sujet de la grève était la classe ouvrière, celui du blocage est parfaitement quelconque. C'est n'importe qui, n'importe qui décide de bloquer – et prend ainsi parti contre la présente organisation du monde [15]. » Pour le Comité Invisible, un tel type d'action ne se résume pas à une impulsion spontanée ; il implique également un travail d'enquête, méticuleux, auprès de celles et ceux qui détiennent des savoirs techniques permettant d'élaborer une sorte de contre-cartographie du blocage.

L'intervention activiste sur les sites logistiques n'est pas nécessairement liée à la critique du régime logistique en tant que tel. Elle repose cependant sur la prise en considération du fait que la logistique est à la fois la source qui alimente les profits mondiaux et l'un de ses plus grands points faibles. Le blocage n'est donc pas un répertoire d'actions réservé aux conflits de travail. On y a eu historiquement recours dans les luttes anti-apartheid ou anti-colonisation (comme celles évoquées en Afrique du Sud et en Palestine par Alimahomed-Wilson et Ness dans *Choke Points*), ou encore au cours de protestations environnementales [16]. Le Coastal GasLink Project, un gazoduc en cours de construction au Canada, doit s'étendre sur 670 km en Colombie-Britannique. Son tracé traverse le territoire du peuple autochtone des Wet'suwet'en. Une partie des Wet'suwet'en se sont opposés au projet, et leur mouvement, d'abord relativement isolé, a bénéficié d'une solidarité nationale et internationale croissante. Les tactiques de rupture de la chaîne logistique ont figuré en bonne place parmi les actions des opposants au projet. À Halifax, de l'autre côté du pays, le terminal

14. Comité Invisible, « Le pouvoir est logistique, bloquons tout », *Lundi matin*, 30 mai 2016.
15. *Idem.*
16. Andreas Malm, *Comment saboter un pipeline*, La Fabrique, Paris, 2020.

de conteneurs a été bloqué par une centaine de personnes qui apportaient leur soutien à la lutte des Wet'suwet'en et dénonçaient les pratiques extractives ainsi que le mépris du gouvernement canadien envers les populations locales ; dans d'autres États, plusieurs manifestations ont stoppé le transport ferroviaire ; le port de Vancouver a été bloqué. Tandis que les retards de train se multipliaient, que les files de porte-conteneurs à l'entrée des ports s'allongeaient, le coût économique de ces actions grimpait. Ainsi que le déclarait l'un des porte-parole à Vancouver : « Nous revenons au port parce que nous savons que le seul langage que ces gens comprennent, c'est le langage de l'argent et du capital. Alors nous communiquerons avec eux dans la langue qu'ils comprennent [17]. » Or, aujourd'hui, le langage de l'argent et du capital s'apprend au contact des ports et des entrepôts, et le parler nécessite de connaître les rudiments de l'approvisionnement énergétique, des opérations de transbordement et des voies du transport international.

Les gouvernements ne voient pas cette perspective d'un très bon œil, c'est le moins que l'on puisse dire. En 2019, en pleine protestation contre une loi délibérément tournée contre la population musulmane indienne, l'étudiant Sharjeel Imam a appelé à bloquer le couloir de Siliguri en Assam – une étroite bande de terre prise entre le Bangladesh et le Bhoutan, dont la fermeture aurait coupé l'Inde d'une partie de son territoire, les États du Nord-Est. Son appel n'a pas manqué d'être entendu : quelques jours plus tard, il était poursuivi pour « sédition » par deux États indiens, l'Assam et l'Uttar Pradesh. Un chef d'accusation somme toute disproportionné pour un appel à organiser un embouteillage, mais qui souligne l'importance stratégique de tels sites de transit, ainsi que la connivence des intérêts étatiques et marchands en matière logistique. Les tactiques de « coupure » cherchent à toucher ce pouvoir là où ça fait mal – directement à la bourse. Mais le contenu de celle-ci est aujourd'hui bringuebalé dans des remorques de camion ou véhiculé *via* des câbles de fibre optique sous-marins.

17. John CLARKE, « The global supply chain. Neoliberalism's weak link », *Spectre*, 24 avril 2020.

DÉTOURNONS LE COURS – INTERVENIR SUR LES FLUX

De même que l'activité de résistance face au régime logistique excède les conflits de travail, les flux ne sont pas assignés à la simple alternative de s'écouler ou d'être stoppés. Ils peuvent aussi changer de direction, être intervertis, mélangés, branchés l'un sur l'autre : il y a alors *diversion*. Quand on évoque le détournement de marchandises, on pense souvent à des pratiques contrebandières, à des illégalismes qui renvoient à l'imaginaire du pirate. De fait, le vol de fret est en augmentation constante en France depuis 2010. Les faits se déroulent le plus souvent sur des parkings, des entrepôts, des sites de transport, et impliquent parfois des attaques à main armée. Les mafias recourent à des procédés de plus en plus sophistiqués, n'hésitant pas à créer de faux profils sur des plateformes de mise en relation de transporteurs. Les groupes criminels tournent ainsi à leur avantage un système reposant sur la diffraction des opérations de transport sur des chaînes de sous-traitance. Mais l'organisation de la production capitaliste contemporaine crée souvent les conditions d'évasion de ses propres produits, comme le montre Veronica Gago, à propos de ce qu'elle appelle les « microéconomies prolétaires » à l'œuvre sur le marché de La Salada en Argentine, où les mêmes mains confectionnent avec les mêmes matériaux à la fois les marchandises (légales) et leurs copies (illégales) promises à des réseaux de distribution différents [18].

Dans un autre ordre d'idées, de nombreux groupes militants impliqués dans des pratiques de redistribution mobilisent des procédés de captation ou de diversion des flux. Dès les débuts de l'épidémie de VIH, dans les années 1980, on a vu des groupes de patients rendre accessibles des médicaments en passant outre le monopole des firmes pharmaceutiques qui en détenaient les droits. Si elle en a l'autorisation, une firme peut mettre sur le marché d'un pays le médicament au prix qu'elle souhaite (et qu'elle négocie ou impose au gouvernement du pays en question). Cela a été le cas

18. Veronica GAGO, *Neoliberalism from Below. Popular Pragmatics and Baroque Economies*, Duke University Press, Durham, 2017.

récemment avec les traitements de Gilead contre l'hépatite C[19]. La multinationale, confiante dans l'efficacité de « son » traitement, est parvenue à imposer un prix exorbitant : jusqu'à 90 000 dollars pour un traitement de trois mois aux États-Unis. Dans le même temps, elle a donné la possibilité à des firmes indiennes de le fabriquer pour le commercialiser dans un nombre limité de pays pauvres. Ce découpage économique et géographique revenait à priver un grand nombre de malades de l'accès à un médicament dont ils avaient besoin. Un système de distribution alternatif fut mis en place, reposant sur des envois parallèles depuis l'Inde de traitements à bas coût à destination des pays où ils n'étaient pas autorisés ou trop chers. En optant ainsi pour une réaffectation des flux officiels, des mouvements de patients refusent que ce soient les multinationales de la pharmacie qui décident des trajectoires des traitements, et partant de qui vit et de qui meurt.

Mais de telles pratiques de « diversion » peuvent aussi être le fait d'acteurs étatiques. Par exemple, lors de la pandémie de Covid-19, au moment où le remdesivir a été recommandé pour traiter les formes sévères de la maladie, des entreprises chinoises ont commencé à en fabriquer sans attendre que Gilead (encore elle), la firme propriétaire de la formule, ne donne son accord. Une compagnie bangladaise s'est également lancée dans la fabrication du traitement. Le Bangladesh, en tant que pays à bas revenus adhérent à l'OMC, bénéficie du droit de produire des médicaments sans être tenu au respect de leurs brevets. La pauvreté de la population n'empêche pas les compagnies pharmaceutiques bangladeshies de bénéficier de solides capacités de production de médicaments. La compagnie a dès le départ annoncé son intention de produire le médicament pour la population locale, tout en reconnaissant qu'elle envisageait par la suite de l'exporter.

On se heurte ici à des systèmes tels que le droit de la propriété intellectuelle, qui verrouillent la circulation des biens ou la restreignent à certains espaces. Cela est également vrai dans le cas des semences agricoles : pour des raisons techniques et de droits de

19. Mathieu Quet, *Impostures pharmaceutiques*, *op. cit.*

propriété, de plus en plus de paysans à travers le monde rencontrent des difficultés à utiliser et à échanger les semences comme ils le souhaitent. Le mouvement Access to Knowledge (A2K) s'est donné pour mission de rassembler les revendications contre les abus de la propriété intellectuelle dans des domaines aussi cruciaux que la santé, l'agriculture, l'éducation et le numérique. Mais il existe d'autres outils de restriction de l'accès aux remèdes, aux ressources, aux signes et aux savoirs – des entraves d'ordre à la fois juridique et technique (les normes de qualité, par exemple). Le mouvement A2K cherche à élaborer des stratégies pour faire dévier les trajectoires imposées en intervenant sur les flux ou sur les règles de leur circulation. Comme l'explique la chercheuse Gaëlle Krikorian, A2K a permis, en adoptant le prisme des problèmes d'accès, de mettre au jour des rapports de domination inacceptables, qui restent le plus souvent masqués par le caractère feutré des échanges diplomatiques dans les organisations internationales [20]. Les diversions promues par les associations de patients, de paysans ou des mouvements intersectoriels comme A2K montrent que résister à l'organisation inique des flux qui prévaut aujourd'hui implique de se confronter aux formes juridiques de la propriété privée ainsi qu'aux outils techniques de la régulation.

D'autres pratiques de détournement de flux sont au cœur de postures de contestation qui ne sont pas toujours reconnues comme telles. C'est en particulier l'un des traits de la « société politique » définie par Partha Chatterjee [21]. Pour lui, il faut distinguer, au sein de la notion de « société », deux ensembles conceptuels qui ne se superposent pas. Le premier correspond aux conceptions de la société en tant qu'ensemble de citoyens détenteurs de droits et en relation avec un État-nation. C'est la société civile. Le second porte sur les populations en relation avec des agences gouvernementales fournissant des services et garantissant pratiquement

20. Gaëlle KRIKORIAN, « Access to knowledge as a field of activism », *in* Gaëlle KRIKORIAN et Amy KAPCZYNSKI (dir.), *Access to Knowledge in the Age of Intellectual Property*, Zone Books, New York, 2010, p. 57-97.

21. Partha CHATTERJEE, *The Politics of the Governed. Reflections on Popular Politics in Most of the World*, Columbia University Press, New York, 2004.

des formes de sécurité et de bien-être. C'est cet ensemble que Chatterjee désigne comme « société politique ». Ce qui distingue la société politique de la société civile, selon Chatterjee qui reprend à sa manière la critique marxienne des droits de l'homme, c'est que la société civile renvoie à la dimension formelle de l'exercice de la citoyenneté, tandis que la mise en œuvre pratique de ces droits relèverait de la société politique. Il expose sur ce point la situation indienne, où les droits d'une grande partie de la population demeurent théoriques au regard des formes de protection qu'ils permettent d'assurer concrètement. Que valent par exemple le droit à l'égalité ou le droit à la liberté inscrits dans la Constitution indienne, face à la persistance du système des castes, qui non seulement légitime l'exploitation et l'exclusion violentes de certains groupes, mais de surcroît se trouve fréquemment conforté par des pratiques administratives de « terrain » qui les reconduisent et les ossifient ? Les communautés ont d'autant moins accès à l'eau, à l'électricité et à d'autres infrastructures essentielles qu'elles sont plus défavorisées socialement. En outre, elles sont d'autant plus soumises à l'arbitraire du pouvoir des représentants de l'autorité étatique (fonctionnaires de police, administrateurs) qu'elles sont moins alphabétisées et moins informées de leurs droits.

Dans ce contexte, le détournement et la diversion – dénoncés par le pouvoir gouvernemental comme des pratiques déviantes et illicites – constituent en réalité pour certaines catégories de population des moyens de contestation primordiaux. Conformément à la démarche chère aux « études subalternes [22] », Chatterjee réhabilite ainsi le caractère politique d'actions souvent traitées, au mieux, comme *prépolitiques*. Il s'appuie par exemple sur le cas des colonies de *squatters* originaires du Pakistan oriental (l'actuel Bangladesh) à Calcutta. Au fil du temps, ces regroupements ont

22. Les études subalternes désignent un courant de recherches historiques, constitué au début des années 1980 en Inde, avec l'objectif de rendre plus audible la voix des classes populaires (paysannes, ouvrières) souvent oubliée par l'histoire coloniale et des luttes d'indépendance. Les grandes figures du mouvement comme Ranajit Guha, Shahid Amin, Partha Chatterjee ou Dipesh Chakrabarty ont connu des fortunes diverses, mais le courant a donné lieu à la très belle série en onze volumes des *Subaltern Studies Series*, publiés entre 1982 et 2000.

tour à tour été réprimés par l'État, qui les a dispersés en lançant de véritables *razzias*, et reconnus par lui, par l'intermédiaire d'associations de représentants dont la légitimité est en permanence mise à l'épreuve des faits. Ces « colonies » s'installent à un endroit et peuvent y rester plusieurs années, jusqu'à être expulsées ou au contraire s'intégrer dans le paysage urbain. Elles ont donc besoin d'eau et d'électricité de façon pérenne. Comme l'État ne les reconnaît pas, l'exercice de leurs droits passe entre autres par des formes de diversion des lignes électriques et des canalisations. Chatterjee rappelle que ces pratiques, considérées comme frauduleuses par les pouvoirs publics, sont paradoxalement aussi porteuses d'une demande de reconnaissance par l'État de la part de ces groupes. Avec le temps, il arrive que les compagnies de distribution électrique finissent par reconnaître *de facto* ces détournements en négociant des arrangements collectifs auprès des associations représentant les *squatters*. Ou quand le détournement d'électricité se résout par une reconnaissance politique [23].

L'empreinte de ces logistiques subalternes se retrouve dans différentes situations. On l'observe lorsque des tensions surviennent entre un pouvoir centralisateur et les simples aspirations des individus à aller, venir et jouir de biens auxquels il leur semble raisonnable de maintenir l'accès. Cette contre-logistique est par exemple manifeste dans l'histoire des pratiques de braconnage. C'est en ce sens qu'Edward P. Thompson interprète les actes de violence et de dégradation commis dans la campagne anglaise au début du XVIIIe siècle, par des individus armés et masqués de noir. Pour Thompson, braconnage de gibier, vol de tourbe et de bruyère n'étaient pas exactement le fait de rebelles ou de bandits : « C'étaient des habitants de la forêt, armés, qui imposaient par la

23. Un phénomène similaire de diversion électrique est décrit en Argentine dans l'un des premiers numéros de *Flux*, une revue qui a joué un rôle important dans la documentation des circuits et des infrastructures du régime étudié dans cet ouvrage : Denis GUIGO, « "Leeches" in the electrical network : the crisis in the Buenos-Aires suburbs », *Flux. Cahiers scientifiques internationaux Réseaux et Territoires*, n° 1, 1990, p. 57-76.

force la définition des droits à laquelle le peuple des campagnes avait été habitué, et qui résistaient [...] à la mise en place de clôtures menaçant leur libre utilisation des terres cultivées, des sources de chauffage et des pâturages [24]. » La guerre des forêts était aussi bien une guerre d'accès à des ressources dont les habitants des campagnes se voyaient peu à peu maintenus à l'écart.

On a aussi assisté à la mise en place de chaînes d'approvisionnement subalternes face à des défaillances de la puissance publique : en cas de crise ou dans des zones géographiques où la présence de l'État fait l'objet d'une contestation. Au cours de la crise argentine en 2001, Veronica Gago rappelle que, « si la plus grande partie du pays a tenu bon, c'est par le recours à des devises quasi fausses [25] ». Et si elle décrit les monnaies alternatives comme « quasi fausses », c'est pour souligner leur dimension extrajuridique, échappant à l'emprise étatique : ces monnaies permettaient à des millions de personnes de continuer à accéder à des biens et des services en dépit de la défaillance du système monétaire argentin. Elles constituaient le carburant d'une chaîne de distribution détournant *de facto* les règles élaborées par l'État, tout simplement parce que celui-ci n'était plus en mesure de permettre aux classes laborieuses argentines de continuer à exercer leur citoyenneté consumériste.

Selon le degré d'opposition et de conflictualité, ces pratiques peuvent même prendre la forme de véritables logistiques de résistance. On se rappelle les « porteurs de valise » du « réseau Jeanson », ainsi surnommés car ils transmettaient de l'argent collecté depuis la France vers le mouvement d'indépendance en Algérie pendant la guerre – témoignage d'une logistique de détournement à des fins de contestation du pouvoir. Quelques années plus tard, le militant Carlos Marighella théorisait plus avant les enjeux stratégiques d'une « logistique du guérillero urbain » face au régime militaire alors en place au Brésil. Marighella, déterminé à s'opposer à la dictature par une résistance armée, a écrit, peu

24. Edward P. THOMPSON, *La Guerre des forêts. Luttes sociales dans l'Angleterre du XVIIIe siècle*, La Découverte, Paris, 2017, p. 46.
25. Veronica GAGO, *Neoliberalism from Below*, *op. cit.*, p. 31.

de temps avant son assassinat par la police en 1969, un *Manuel du guérillero urbain* dans lequel il établit les règles logistiques à suivre pour mener la lutte à bien [26]. Celles-ci portent sur l'accès aux ressources (motorisation, argent, munitions, armes, explosifs), qui consiste principalement à les arracher des mains de l'ennemi. La portée de ce manuel n'a pas échappé aux Black Panthers, qui l'ont étudié dans le cadre de leurs formations à l'autodéfense [27]. Mais la logistique de résistance mise en œuvre par les Black Panthers ne reposait pas seulement sur le fait de se procurer des armes : elle consistait aussi à préparer des petits-déjeuners, à acheminer de la nourriture, à organiser des enseignements ou encore à procurer des soins dans les quartiers noirs des villes américaines. Il s'agissait bien pour eux de faire front par la mise en œuvre d'une contre-logistique subalterne visant à l'auto-organisation.

ÉCOURTONS LE CHEMIN – INTERVENIR SUR LES CIRCUITS

La logistisation du monde ressemble à s'y méprendre à une entreprise générale de fusion des circulations de biens, de personnes, d'argent, de ressources environnementales au sein de circuits homogènes. Ce sont ces circuits qu'une autre modalité de résistance prend pour cible. La modernisation de l'agriculture, qui a privilégié l'hyperspécialisation et la monoculture pour obtenir des rendements croissants, a aussi œuvré à un grand allongement des distances parcourues par les denrées alimentaires. À l'encontre de ce modèle hégémonique, depuis le tournant des années 2000, des initiatives bourgeonnent pour raccourcir ces trajets. C'est tout le sens des « circuits courts ». Partant du principe que, au royaume logistique, les sujets sont forcément consommateurs, les tenants de cette option proposent de partir des pratiques de consommation locales pour entreprendre un changement d'ensemble.

Il n'y a pas une seule et unique approche des circuits courts. Comme tout ce qui concerne les pratiques économiques

26. Carlos Marighella, *Manuel du guérillero urbain* [1969], Libertalia, Paris, 2009.
27. George Jackson (entretien réalisé par Karen Wald), « Rappeler le vrai dragon », *Vacarme*, n° 56, 2011, p. 60-63 ; sur la politique de l'autodéfense chez les Black Panthers, voir Elsa Dorlin, *Se défendre. Une philosophie de la violence*, Zones, Paris, 2017.

émergentes, de l'économie collaborative et du secteur de l'économie sociale et solidaire en général, cette formule recouvre des philosophies variées, voire opposées. Si l'économie des plateformes, dans son parasitisme, y voit une nouvelle façon de capter la richesse sociale, d'autres en font le mot d'ordre d'une refonte radicale des liens entre producteurs, consommateurs, produits et territoires, la préfiguration d'un autre monde, plus solidaire.

Selon les approches les plus critiques à l'égard du modèle dominant, manger local et privilégier les circuits courts, ce n'est pas seulement se comporter en bon citoyen localiste, mais aussi proposer une autre façon d'appréhender le territoire dans lequel on vit et les rapports entre production agroalimentaire et industrie. L'un des objectifs principaux est alors celui de la « relocalisation » de la production et de la consommation – une ambition en résonance profonde avec une proposition politique alternative qui a pris un nouveau tour pendant la pandémie : le courant de la démondialisation. La démondialisation, telle qu'elle est conçue par Walden Bello, l'un de ses principaux théoriciens, part du constat que la globalisation économique et l'affirmation du libre-échange ont surtout bénéficié aux classes les plus riches en mettant en concurrence les travailleurs des pays du monde entier, provoquant un appauvrissement dans les pays du Nord et favorisant l'exploitation des personnes et des environnements dans les pays du Sud [28]. À ce système fondé sur le principe libéral de l'avantage comparatif, la démondialisation oppose au contraire la remise en œuvre d'une production pour la consommation locale.

La volonté de raccourcir les circuits renvoie à une critique plus générale de l'industrialisation et de la massification du mouvement, qui s'incarne notamment dans la contestation actuelle des grands projets d'infrastructures de transport aéroportuaires ou portuaires de par le monde [29]. Au cours des dernières années, une vague de

28. Walden BELLO, *La Démondialisation. Idées pour une nouvelle économie mondiale*, Le Serpent à plumes, La Madeleine-de-Nonencourt, 2011.

29. Serge QUADRUPPANI, *Le Monde des Grands Projets et ses ennemis. Voyage au cœur des nouvelles pratiques révolutionnaires*, La Découverte, Paris, 2018.

protestations s'est ainsi élevée au Sri Lanka contre les travaux du port de Colombo. Le projet, baptisé *New Port City* et largement financé par la Chine, s'inscrit pleinement dans le paradigme en vogue de l'« économie bleue » (*blue economy*). Ce concept, présenté comme un principe d'usage des ressources maritimes dans une visée de développement dit durable ou soutenable[30], est surtout destiné à valoriser les activités océaniques – pêche, tourisme, transport maritime, aquaculture ou bioprospection – d'un certain nombre d'États insulaires ou de régions côtières de pays du Sud. Les États de l'océan Indien, rassemblés au sein de l'Indian Ocean Rim Association, ont fait de l'économie bleue un axe central de leur politique commune depuis 2014[31]. À partir de 2016, un mouvement rassemblant des pêcheurs, des groupes religieux et des associations écologistes a commencé à manifester à Colombo contre le projet de nouveau port. Les opposants en dénonçaient les coûts sociaux et environnementaux : outre les menaces qu'il faisait peser sur les revenus et l'existence de 15 000 pêcheurs sur la côte, il mettait en péril les fonds marins, le récif corallien.

Ces manifestations rappellent que d'autres aspects de la démondialisation sont à prendre en compte, dont la désindustrialisation et la déspécialisation des territoires. C'est là que se rencontrent l'exigence du raccourcissement des circuits de distribution et l'opposition aux grands projets d'infrastructure de transport, de communication et de commerce. La question des circuits, quand elle devient politique, implique de repenser l'articulation entre le court (la circulation localisée du poisson des pêcheurs des environs de Colombo, la production agricole locale) et le long (les grands projets d'infrastructures, la *Belt and Road Initiative* chinoise, l'économie bleue, qui visent tous à alimenter un commerce transnational). Bref, ce qui est mis à l'agenda, c'est la désintrication de

30. World Bank et United Nations Department of Economic and Social Affairs, *The Potential of the Blue Economy. Increasing Long-Term Benefits of the Sustainable Use of Marine Resources for Small Island Developing States and Coastal Least Developed Countries*, World Bank, Washington, DC, 2017.
31. Lyndon E. Llewellyn, Susan English et Sharon Barnwell, « A roadmap to a sustainable Indian Ocean blue economy », *Journal of the Indian Ocean Region*, vol. 12, n° 1, 2016, p. 52-66.

ce qui relève du « local » et de l'ensemble des forces qui nourrissent le « global ».

Toutes ces pratiques d'opposition, de blocage, de détournement ou de raccourcissement des flux reflètent une situation éminemment conflictuelle. On ne peut plus l'ignorer : le mouvement et la mobilité, après avoir fait l'objet pendant plusieurs décennies d'une prédation toujours plus forte de la part de l'État et du marché, donnent aujourd'hui lieu à des luttes centrales [32]. Que l'on pense au démarrage de la révolte des Gilets jaunes (contre une taxation de l'essence), des manifestations chiliennes (contre la hausse du prix du ticket de métro), iraniennes (contre l'augmentation du prix de l'essence), du mouvement qui s'est déployé au Liban (contre une taxation de la messagerie WhatsApp)... Et ce tour d'horizon n'est pas exhaustif. De nombreuses autres pratiques mériteraient d'être analysées de manière détaillée, comme la « mise en fuite » (celle des données par exemple, illustrée par le cas des Wikileaks ou des autres *leaks* qui ont suivi), le *flight-shaming* (le sentiment de culpabilité environnementale qui conduit certaines personnes à éviter tout déplacement en avion), les différents courants du commerce équitable, le mouvement *slow*, la « vélorution », les réseaux d'aide maritime aux migrants, les mobilisations contre les *data centers*, pour n'en évoquer que quelques-unes.

Le trait d'union entre ces luttes apparemment disparates saute aux yeux lorsqu'on les replace dans l'esprit logistique de notre temps. Ce n'est jamais la mobilité en soi qui est en jeu, pas plus que le pouvoir technologique en général ou des logiques pures et abstraites du marché. On se trouve toujours au confluent de mobilités concrètes (d'êtres, de marchandises, de signes), de leur technologisation et d'expériences marchandes intensifiées. La légitimité des luttes actuelles autour de la logistisation du monde puise dans le sentiment que nos vies sont confrontées au rouleau compresseur de la marchandisation – à la fois comme outil technique et comme horizon politique. Mais les élans de

32. Laurent JEANPIERRE, *In Girum. Les leçons politiques des ronds-points*, La Découverte, Paris, 2019.

protestation qui y répondent indiquent aussi que l'omniprésence de la logistique peut se heurter à une insatisfaction grandissante, à une forte capacité de révolte et à de puissants désirs d'émancipation.

7. DÉROUTER L'ADVERSAIRE

INVENTER LES ALTERMOBILITÉS

L'avalanche de mouvements sociaux, de protestations et de déviances que provoquent règles, ratés et crises du royaume des flux nous y enjoint : il est grand temps de substituer à la logistique d'autres imaginaires des circulations, du transport et de la mobilité. Au blocage des carrefours, au dérèglement des feux de signalisation et à la « philosophie de l'interruption [1] » qui sous-tend ces actes doivent encore s'adjoindre d'autres horizons. L'alterlogistique prendra forme dans la mise au point de conceptions et de pratiques de la mobilité qui quittent les autoroutes tracées d'un entrepôt à l'autre, pour suivre des sentiers plus sinueux.

En vérité, la tâche est colossale : c'est toute la grammaire technocapitaliste du mouvement qui enserre nos déplacements et notre entendement du mouvoir, du bouger qu'il nous faut mettre en déroute. On ne s'en défera pas sans un travail d'imagination, patient et entêté. Il nous faut apprendre à arpenter d'autres chemins, de ceux qui ne quadrillent pas l'espace pour y distribuer les humains et les choses comme autant de pièces d'une bataille navale ; à décoloniser nos trajectoires – géographiques aussi bien que psychiques [2]. Il faudra aussi retrouver dans le mouvement une expérience qui ne poursuive pas systématiquement la maximisation de son effet, qui ne repose pas sur l'instrumentalisation toujours plus accomplie de l'humain et de la nature, et qui se préoccupe de ses conséquences sociales et environnementales autrement qu'à

1. Alberto TOSCANO, « Logistics and opposition », *Mute*, vol. 3, n° 2, 2011.
2. Ngugi WA THIONG'O, *Décoloniser l'esprit* [1981], La Fabrique, Paris, 2011.

travers des courbes de croissance. Un nouvel art de la mobilité reste à inventer, qui consisterait à « dé-mesurer » plutôt qu'à tout mesurer[3], à délivrer et non plus livrer, à se décommander et non plus passer commande. C'est dans l'exploration de ces autres expériences du transport et du déplacement que se façonneront les alternatives au royaume logistique.

L'histoire, la littérature et les arts, les sciences conservent la mémoire et le témoignage de telles expérimentations en altermobilité et, sous les fragilités ou les échecs apparents, la possibilité de nouveaux avenirs. Il faudrait aller fouiller dans ces archives. Les catégories mises au jour par ce type d'enquête pourraient être ressaisies pour nourrir notre propre démarche. Pensons par exemple à ce texte de Pierre Clastres sur le panier et son rôle social[4]. En explicitant la division sexuelle du travail, l'anthropologue pointe l'opposition fondamentale de l'arc et du panier chez les Indiens Guayaki. Aux hommes, la chasse, aux femmes, le transport (des biens personnels et des vivres) ; alors que, dans cette société, l'arc est un attribut spécifiquement masculin, le panier est un outil réservé à un usage féminin. Pourrait-on envisager une logistique du « panier », à la fois libérée de son assignation à un rôle de genre et attentive à la préservation des biens communs plutôt qu'à la conquête incessante de nouveaux territoires ?

Les GAFAM (Google, Apple, Facebook, Amazon et Microsoft) eux-mêmes n'hésitent pas à sortir le nez de leurs laboratoires de recherche et développement (R&D) pour se mettre en quête de ruses apparemment archaïques dans lesquelles ils entrevoient des pistes pour un renouvellement du capitalisme logistique. La littérature managériale fait par exemple ses choux gras du système de transport quotidien de nourriture des dabbawalas à Mumbai, conçu comme l'un des plus complexes et des plus efficaces qui

3. Comme y appellent Sophie Gosselin et David gé Bartoli qui proposent d'entrer en « dé-mesure ». Sophie GOSSELIN et David GÉ BARTOLI, *Le Toucher du monde. Techniques du naturer*, Dehors, Bellevaux, 2019.

4. Pierre CLASTRES, *La Société contre l'État. Recherches d'anthropologie politique*, Minuit, Paris, 1974, chapitre 5.

soient : un modèle potentiel pour les *business schools*, au point que même la prestigieuse *Harvard Business Review* en fait une source d'inspiration [5]. Dans une histoire plus ancienne et pas encore « startupisée », les pratiques de colportage fournissent un autre cas de système informel assurant l'approvisionnement aux confins des royaumes [6]. Cette forme d'échange commercial, comme le souligne l'historienne Laurence Fontaine, s'inscrivait dans un univers marchand très différent du nôtre. Le marché y remplissait une autre fonction, contribuant à la création d'un lien social ne supposant pas d'asservir toutes les relations à la nécessité de son expansion. C'est enfin notre *hexis* corporelle (nos habitudes d'agir dans l'espace) qui est à reprendre, pour mettre en œuvre des manières d'habiter et non d'occuper le monde [7]. Un ensemble foisonnant d'indices de telles altermobilités coexiste, de l'attention à la démarche et à ses inflexions, aux pratiques de la fuite, en passant par la flânerie, la dérive et l'errance, et jusqu'au voyage mental et immobile des chamans [8].

Les moyens de transport, les stratégies de coordination et les disciplines corporelles du mouvoir touchent à notre conception du collectif, à notre rapport à l'État et à la construction du politique. Quelle politique peut-on envisager de bricoler dans la conception de ces modes alternatifs de déplacement ? Une illustration en est donnée par l'« échappée », principe directeur de la

5. Stefan THOMKE, « Mumbai's models of service excellence », *Harvard Business Review*, vol. 90, n° 11, 2012, p. 121-126.

6. Laurence FONTAINE, *Le Marché. Histoire et usages d'une conquête sociale*, Gallimard, Paris, 2014 ; voir aussi Brigitte BERTONCELLO et Sylvie BREDELOUP, *Colporteurs africains à Marseille. Un siècle d'aventures*, Autrement, Paris, 2004.

7. Sylvain PIRON, *L'Occupation du monde*, Zones sensibles, Bruxelles, 2018 ; Sophie GOSSELIN et David GÉ BARTOLI, *Le Toucher du monde*, *op. cit.*

8. Sur la « démarche », voir Marielle MACÉ, *Styles. Critique de nos formes de vie*, Gallimard, Paris, 2016 ; sur la « fuite », voir Achille MBEMBE, *Brutalisme*, La Découverte, Paris, 2020 ; sur la « flânerie », voir Walter BENJAMIN, *Paris, capitale du XIXe siècle. Le livre des passages*, Éditions du Cerf, Paris, 1989 ; sur la « dérive », voir Guy DEBORD, « Théorie de la dérive », *Les Lèvres nues*, n° 9, décembre 1956 ; sur l'« errance », voir Alain PESSIN, « Vagabonds libertaires : contribution à une analyse de l'errance », *L'Homme et la société*, n° 59-62, 1981, p. 45-54 ; sur le « voyage mental » chamanique, voir Charles STÉPANOFF, *Voyager dans l'invisible. Techniques chamaniques de l'imagination*, La Découverte, Paris, 2019.

zomia décrite par James C. Scott [9]. De l'Inde à l'Indonésie, afin de se tenir à distance de l'État pour ne plus être « lisibles » par une autorité centrale, des peuples ont gagné les montagnes. Ce mécanisme de fuite, dont Scott explique toutefois qu'il tient aussi bien de l'exclusion que de l'esquive, a permis pendant plusieurs siècles à une fraction importante de la population de se tenir aux marges du pouvoir étatique, de rester imprévue et intraçable pour les autorités : illisible. Scott y voit même la possibilité d'opérer un retournement conceptuel radical : les frontières ne viseraient pas seulement à protéger, contrôler et barrer l'accès, mais aussi à retenir les populations qui, sans cela, prendraient la fuite. Cette thèse est partagée par d'autres chercheurs qui posent l'antériorité de la fuite par rapport au contrôle : « Les gens s'évadent. C'est seulement après qu'une forme de contrôle a tenté de se saisir des routes de l'évasion qu'on peut dire "s'évader de". Mais avant qu'on cherche à la réguler, l'évasion est un phénomène essentiellement imperceptible [10]. » Comme le suggèrent ces auteurs, la politique de l'échappée ne saurait alors être réduite à une réaction secondaire, contrepartie d'un geste étatique de clôture et de rétention. Si la ligne de fuite préexiste à l'État, elle peut fournir une vision autonome du devenir collectif. De ce point de vue, l'alterlogistique de l'échappement fait écho aux analyses de Gilles Deleuze et Félix Guattari sur les machines de guerre nomades, en butte à l'État et dont la pensée de Scott est largement nourrie [11]. Le nomadisme deleuzo-guattarien n'a rien d'un hédonisme postmoderne, c'est plutôt une catégorie de puissance, une pratique d'opposition, de soustraction au pouvoir, de refus des opérations de codage réalisées par les forces de gouvernement. C'est une force révolutionnaire, qui permet de guerroyer avec l'ordre étatique et capitaliste, avec

9. James C. Scott, *Zomia ou l'art de ne pas être gouverné. Une histoire anarchiste des hautes terres d'Asie du Sud-Est*, Seuil, Paris, 2013.
10. Dimitris Papadopoulos, Niamh Stephenson et Vassilis Tsianos, *Escape Routes. Control and Subversion in the Twenty-First Century*, Pluto Press, Londres, 2008, p. xiii.
11. Gilles Deleuze et Félix Guattari, *Capitalisme et Schizophrénie*, tome 2, *Mille Plateaux*, Minuit, Paris, 1980 ; voir aussi Guillaume Sibertin-Blanc, *Politique et état chez Deleuze et Guattari. Essai sur le matérialisme historico-machinique*, PUF, Paris, 2013.

d'autres moyens que la guerre, en constituant un autre possible collectif.

Cette politique potentielle demande encore à être peuplée par de nouvelles entités, de nouvelles manières de dire et de penser le déplacement. C'est ici qu'interviennent les « furtifs », dont le romancier Alain Damasio nous fait deviner l'existence :

> Ce qui ne restait qu'une légende urbaine est envisagé par beaucoup d'activistes comme une réalité et même une réalité stratégiquement exploitable. Au moins une inspiration en termes éthiques. Dans les discussions, on sent potentiellement un pont politique se faire entre les furtifs et l'écologie radicale. Mais aussi entre furtivité et lutte sociale. Le furtif, dans les représentations qui émergent, c'est le clandestin, l'insaisissable, le migrant intérieur. Celui qui assimile et transforme le monde. Peut frapper et fuir. Il incorpore l'ennemi pour pouvoir muter et grandir. C'est donc une puissance animale à capter ou à apprivoiser en nous. C'est aussi la figure romantique du fugitif qui ne laisse jamais de traces et sort des radars. Et enfin, pour les mieux informés, [...] le furtif incarne la plus haute forme de la vitalité. C'est, disons, un hypervivant [12].

Les furtifs en fournissent la preuve insaisissable : lorsqu'une manière de se déplacer ou d'écrire se démarque des opérations habituelles, elle met tout un ordre en péril.

La juriste Sarah Vanuxem nous invite quant à elle à imaginer une transformation tout aussi radicale des objets du mouvement : les choses – qu'elle nous propose de considérer comme des *milieux*, à partir de la notion de « choses-milieux [13] ». Un tel renversement impliquerait que les choses, dont nous pensions pouvoir être maîtres et propriétaires, dont nous pensions pouvoir faire usage comme bon nous semble, sont en fait des espaces que l'on habite, des modes d'existence qui nous affectent. Cela aurait des implications fondamentales pour la recomposition de nos rapports avec

12. Alain DAMASIO, *Les Furtifs*, La Volte, Clamart, 2019.
13. Sarah VANUXEM, « Les choses saisies par la propriété. De la chose-objet aux choses-milieux », *Revue interdisciplinaire d'études juridiques*, n° 64, 2010, p. 123-182.

le monde transportable et pour l'émergence d'une pensée alterlogistique. Contre la conception d'une relation instrumentale à des objets déplaçables, substituables, s'affirme alors un modèle d'interactions avec un monde de choses habitées, dont il nous faut prendre soin au lieu de les remodeler jusqu'à la blessure par notre manie de déplacer tout ce qui nous environne.

METTRE LA PENSÉE EN MOUVEMENTS

Imaginer une alterlogistique requiert une déambulation incertaine à la croisée de la fiction théorique et de l'imagination politique. Je voudrais contribuer à sonder cet au-delà du mouvement en rassemblant certaines idées évocatrices. Quelque part entre chamanisme, animalité et invention conceptuelle, un *appareil* de transport modeste et original se propose de nous embarquer pour une telle promenade : la mouche.

De quoi la mouche est-elle le véhicule ? C'est la question que se pose l'historien des sciences Clapperton C. Mavhunga, dans son récit de la lutte contre la trypanosomiase, la maladie transmise par la fameuse mouche tsé-tsé [14]. Pendant plus de la moitié du XXe siècle, rappelle Mavhunga, les régimes coloniaux se sont battus contre un mal qui grevait la santé des travailleurs dans de nombreuses régions d'Afrique. Des entomologistes, des botanistes, des zoologues furent mobilisés pour comprendre d'où venait cette mystérieuse maladie du sommeil, et le rôle que jouait la mouche tsé-tsé dans sa transmission. Ils s'appuyèrent largement pour cela sur la main-d'œuvre et sur les savoirs locaux fournis par les *flyboys*, chasseurs de mouches armés de filets et vadrouillant dans des zones dont les scientifiques coloniaux se tenaient le plus souvent à l'écart, par peur des maladies qui y pullulaient.

Ce qui intéresse Mavhunga dans cette histoire, c'est de mieux cerner les interactions entre différents types de mobilité et leurs effets. Il cherche à expliquer ce que, « par ses déplacements et son

14. Clapperton Chakanetsa MAVHUNGA, « Organic vehicles and passengers. The tsetse fly as transient analytical workspace », *Transfers*, vol. 6, n° 2, 2016, p. 74-93.

nuisible travail de transport, cet insecte infatigable fait et comment il force les sociétés humaines à répondre de multiples manières [15] ». En d'autres termes, Mavhunga se demande ce que change le fait de considérer la mouche comme un véhicule de transport interagissant en permanence avec l'espace évolutif et transitoire dans lequel elle évolue. Car, pour lui, la mouche est plus qu'un simple insecte importun. Elle est d'abord – et ceci notamment du point de vue des scientifiques qui l'ont étudiée – un véhicule, un moyen de transport, un vecteur. Un enjeu central de la maladie du sommeil tient en effet précisément à sa transmission, car le trypanosome, seul, ne peut pas se déplacer d'hôte en hôte. C'est en se nourrissant du sang des bêtes et des humains que la mouche tsé-tsé ingère le trypanosome, ce parasite à l'origine de la maladie du sommeil, qui est transmis à l'hôte suivant. La mouche est donc hôte intermédiaire et véhicule de la maladie, actrice essentielle de son déplacement d'une espèce à l'autre, d'une entité à l'autre.

Mavhunga est ainsi conduit à reconnaître l'opération de transport de la mouche tsé-tsé comme une forme de travail, et la mouche tsé-tsé elle-même comme un site de travail et de transformation : « Cet infatigable insecte n'est plus seulement un voyageur, un véhicule de transport, ou une affordance des voyageurs, mais un espace de travail transitoire – un milieu, un site ou un espace dans lequel un travail mécanique et non mécanique est fourni du fait même de son déplacement [16]. » Cette qualification importe pour Mavhunga car elle lui permet, d'une part, de rendre compte du travail à l'œuvre dans l'activité de déplacement et, d'autre part, de décrire le mouvement comme un phénomène d'incessantes rencontres entre des espèces et des environnements en perpétuelle transformation.

L'historien reprend et approfondit cette idée d'un espace de travail transitoire et d'un mouvement fait d'interactions-recompositions dans un autre livre [17]. Pour Mavhunga, il est essen-

15. *Ibid.*, p. 76.
16. *Ibid.*, p. 80.
17. Clapperton Chakanetsa Mavhunga, *Transient Workspaces. Technologies of Everyday Innovation in Zimbabwe*, MIT Press, Cambridge, 2014.

tiel de rendre compte de la localisation de la créativité, c'est-à-dire des sites où celle-ci se manifeste. Dans les sociétés contemporaines, la créativité est fréquemment associée aux laboratoires dans lesquelles elle est logée et, à force de river notre regard à de tels espaces, on passe à côté d'une grande part de la richesse de pensée produite au-dehors. Par exemple, suivant les modèles dominants de l'innovation, une technologie innovante ne peut être adoptée que depuis des sites privilégiés du savoir technoscientifique et des pays riches qui les hébergent, vers le reste du monde, suivant une conception diffusionniste du progrès, non dénuée de relents néo-impérialistes. À l'inverse, si on cesse de voir les espaces socionaturels comme des pages blanches sur lesquelles les pays européens sont venus inscrire leur supériorité économique et culturelle, la scène s'ouvre à un autre genre de spectacle. Mavhunga propose ainsi, à partir des pratiques de chasse en Afrique australe, de faire apparaître une réalité différente : celle en vertu de laquelle c'est dans le mouvement et par le déplacement que la créativité s'exprime. Il faut alors aller à la rencontre des forêts, des champs, de la brousse où se déplacent incessamment les vivants pour percevoir l'inventivité dont ils témoignent. L'espace n'est plus une table de coordonnées mais un atelier de travail transitoire, en déplacement, avec tout ce que cela suppose de temporaire et d'éphémère. Dans un tel milieu de vie et de pensée, la mouche tsé-tsé nous force d'ailleurs à reconnaître l'absence de spécificité humaine de l'activité désignée sous le nom de « mobilité » et qui ne résulte au fond que des croisements constants entre les multiples « espaces de travail transitoires » que sont les entités qui peuplent l'environnement et y produisent des rencontres.

La réflexion sur le pistage développée par Baptiste Morizot complète d'une certaine manière les propositions de Mavhunga. « L'expert [en pistage], écrit Morizot, a les yeux pointés vers l'horizon, il ne regarde pas le sol, il le rêve. C'est-à-dire qu'il ne cherche les signes au sol que là où il a projeté qu'ils seraient. "Que ferais-je si j'étais toi, animal ?" (mais toi en profondeur, avec tes désirs et tes aversions, tes invites, ton rythme et ton monde) est la question boussole qu'il examine dès qu'il se perd, pour s'orienter à nouveau[18]. » Déplacer, c'est penser, mais d'une façon singulière – rêver le sol. Nous faut-il alors penser en pisteurs, plutôt que comme des échangeurs d'autoroute ou des serveurs d'ordinateurs[19] ? Si (faire) bouger, c'est penser, alors le mouvement d'une voiture dans les artères d'une grande ville, celui du porte-conteneurs sur les océans, ou celui du promeneur dans la forêt, à l'affût des traces d'un animal qu'il piste, sont des pensées différentes – des pensées qui s'adressent à des collectifs de réflexion différents. De même que Mavhunga en observant des mouches et des braconniers, Morizot nous le dit à partir d'empreintes de loup. Se déplacer dans un environnement, c'est penser et produire du savoir.

L'anthropologue Tim Ingold éclaire ces remarques d'une autre manière encore. Dans un livre qu'il consacre aux lignes et aux formes d'existence avec lesquelles leurs tracés s'entremêlent, il vient à distinguer les voyageurs (*wayfarers*) des transporteurs. Selon lui, le transport vise une destination. Il consiste avant tout à déplacer des choses ou des personnes, d'un lieu à l'autre, tout en préservant leur nature élémentaire. C'est une séquence déterminée par un début (un lieu de départ) et une fin (un lieu d'arrivée). Au contraire, le déplacement du *wayfarer* n'a pas de fin, et cela même lorsqu'il marque des pauses pour reprendre son souffle ou s'arrête en des lieux afin d'y prendre du repos. Le voyage est marqué par une tension permanente, qu'Ingold analyse au fond comme une tension d'existence, inhérente au fait même de vivre[20]. Pour exprimer cette tension, il évoque l'exemple des Inuits analysé par l'auteur canadien Rudy Wiebe, pour qui « il suffit qu'une personne se mette en mouvement pour qu'elle devienne une ligne. Pour chasser un animal, ou retrouver quelqu'un qui s'est peut-être perdu, les Inuits tracent une piste linéaire dans l'étendue et se mettent en quête d'indices menant à une autre piste jusqu'à

18. Baptiste MORIZOT, *Sur la piste animale*, Actes Sud, Arles, 2018, p. 177.
19. Sur ce point, voir Brigitte BERTONCELLO et Sylvie BREDELOUP, *Colporteurs africains à Marseille. Un siècle d'aventures*, Autrement, Paris, 2004.
20. Tim INGOLD, *Une brève histoire des lignes*, Zones sensibles, Bruxelles, 2013, p. 100 et suiv.

atteindre le but recherché. Le pays entier est donc perçu comme un entrelacs de lignes et non comme une surface continue[21] ». Cette conception du mouvement marque d'ailleurs une différence essentielle avec celle des Britanniques de la Royal Navy, habitués à concevoir l'espace comme une série de coordonnées, et qui fabriquent des lignes radicalement différentes. Celles des Inuits vont faire un tour, tandis que celles des Britanniques sont des connecteurs qui relient les points d'un espace plan – la carte. Les implications de ces conceptions pour l'existence des uns et des autres sont majeures. Le déplacement des Inuits est une façon d'être, une façon de se construire et de se renouveler – dans laquelle la personne et la ligne ne font qu'un. Au contraire, la fabrique coloniale du déplacement isole et immunise autant que possible l'objet du transport ; elle dissocie en outre le transporteur de sa trajectoire en projetant cette dernière sur un plan conçu comme une abstraction de la réalité (Ingold insiste d'ailleurs sur le lien entre espace scripturaire et surface de déplacement – les lignes tracées). Et cette opération de dissociation, d'isolement et d'immunisation conduit à une situation paradoxale suivant laquelle la conservation la plus absolue de l'intégrité de l'objet du transport implique la destruction de l'environnement à travers lequel celui-ci se réalise.

LE VENT DES MODERNITÉS ALTERNATIVES

Un autre exemple mobilisé par Ingold pour étayer son argument est celui de la navigation et de sa planification. Il avance l'idée que, lorsque la navigation s'appuie sur une représentation du territoire (par exemple sous la forme d'une cartographie), le trajet ainsi planifié ne sera plus qu'une explication du plan, son déroulement et sa réalisation. À l'inverse, dans le *wayfaring*, il s'agit de suivre une voie sur laquelle on a déjà été en compagnie de quelqu'un d'autre, ou en suivant ses traces, ses indications, reconstruisant ainsi le trajet au fur et à mesure qu'on l'effectue. C'est comme cela qu'on « trouve son chemin » selon Ingold, et d'une façon radicalement étrangère à l'occupation de l'espace que permettent les

21. *Ibid.*, p. 100-101.

déplacements cartographiés [22]. Une manière de tirer les fils de la métaphore maritime et de détailler les enjeux de la navigation serait alors de se tourner vers le boutre, navire commercial par excellence au sein de l'océan Indien. Historiquement, l'océan Indien a été un espace d'échanges culturels et commerciaux très riches [23]. Les circulations de marchandises et les croisements de populations ont été à l'origine de nombreux traits culturels spécifiques et partagés dans cette région du monde, de l'alimentation aux pratiques vestimentaires ou aux formes musicales. L'océan Indien a ainsi été marqué par un cosmopolitisme dont le moteur était la coopération commerciale [24]. Le commerce était le vecteur principal de tous ces échanges, mais ce serait une erreur de considérer qu'il s'agissait là d'une activité purement économique, tant il dépendait de pratiques socioculturelles dans lesquelles il était « encastré », pour reprendre le terme de Karl Polanyi [25]. Les dattes, par exemple, représentaient un simple commerce de subsistance pour les Arabes qui les cultivaient dans le désert, mais, de Zanzibar à l'Indonésie, elles étaient utilisées par les communautés musulmanes pour rompre le jeûne du Ramadan, et il était donc essentiel d'en assurer l'approvisionnement pour des raisons religieuses et politiques [26].

Étant donné l'étendue de la zone, qui parcourt le globe de l'Afrique du Sud à l'Indonésie, le transport y joue un rôle capital. Celui-ci a dépendu pendant des siècles de l'énergie dégagée par la mousson – ce régime météorologique saisonnier suivant lequel la direction du vent change périodiquement. Du côté de la partie occidentale de l'océan, les marins utilisaient les vents qui soufflaient du nord-est, de novembre à février-mars, pour aller

22. *Ibid.*, p. 26.
23. Michael PEARSON, *The Indian Ocean*, Routledge, Londres, 2003.
24. Anirudha GUPTA, *Minorities on India's West Coast. History and Society*, Kalinga Publications, 1991.
25. Karl POLANYI, *La Grande Transformation. Aux origines politiques et économiques de notre temps*, Gallimard, Paris, 1983.
26. Abdul SHERIFF, « The dhow culture of the western Indian Ocean », *in* Helen BASU (dir.), *Journeys and Dwellings. Indian Ocean Themes in South Asia*, Orient Longman, Hyderabad, 2008, p. 61-89.

vers le sud-ouest, de l'Inde à l'Afrique de l'Est ; d'avril à août-septembre, le vent qui soufflait depuis le sud-ouest permettait de retourner en direction de l'Asie. L'historien Sunil S. Amrith souligne à quel point on aurait tort de croire la mousson « hors de l'histoire [27] » en se fiant uniquement à sa nature cyclique, répétitive et d'apparence si « naturelle ». Sur le temps long, la mousson évolue. Surtout, elle n'est en rien hors de l'histoire tant elle a modelé les échanges intercontinentaux pendant des siècles. La mousson de l'océan Indien constitue même l'un des exemples les plus frappants du rôle de l'environnement dans l'histoire humaine.

L'une des manifestations les plus fructueuses de cette influence a été le boutre (*dhow*), ce bateau à voile triangulaire permettant d'attraper le vent et de voyager sur des milliers de kilomètres sous la poussée de la mousson [28]. Jusque dans les années 1950, les boutres en circulation sur l'océan constituaient le moyen de transport dominant, et ils ont permis de transporter des générations de travailleurs migrants, de vendeurs de breloques, de riches marchands, de même que quantité de marchandises – épices, textiles indiens, sarongs indonésiens, aliments (blé, riz, beurre clarifié), or, ivoire, bois, bois de mangrove, clous de girofle, poissons et produits de la mer, armes, esclaves. L'historien Abdul Sheriff insiste sur le fait que ce commerce correspondait à une pratique de colportage et de cabotage de port en port [29]. Les volumes transportés étaient parfois très importants, mais l'imbri-

27. Sunil S. Amrith, *Crossing the Bay of Bengal. The Furies of Nature and the Fortunes of Migrants*, Harvard University Press, Cambridge, 2013.
28. Erik Gilbert alerte sur les usages coloniaux du terme, qui, à partir du XIXe siècle, s'est mis à désigner sans distinction l'ensemble des navigations autochtones à la zone de l'océan Indien, mettant ainsi dans le même sac des embarcations d'origines très diverses. Mais, comme il le souligne, cette confusion s'est maintenue pour insister sur les interconnexions culturelles au sein de l'océan Indien. Erik Gilbert, « The dhow as cultural icon : heritage and regional identity in the western Indian Ocean », *International Journal of Heritage Studies*, vol. 17, n° 1, 2011, p. 62-80. Voir aussi David Parkin et Ruth Barnes (dir.), *Ships and the Development of Maritime Technology in the Indian Ocean*, Routledge, Londres, 2002 ; Dionisus A. Agius, *Seafaring in the Arab Gulf and Oman. The People of the Dhow*, Routledge, Londres, 2005.
29. Abdul Sheriff, « The dhow culture of the western Indian Ocean », art. cit.

cation du commercial et du social jouait un rôle déterminant dans la structuration de l'activité de navigation.

À partir du XIXe siècle, les bateaux à vapeur ont été privilégiés pour le transport des marchandises précieuses. Néanmoins, jusqu'à la moitié du XXe siècle, il restait encore des centaines de boutres en activité. La découverte et l'exploitation croissante du pétrole dans les pays arabes à partir des années 1950 ont porté un nouveau coup à ce mode de navigation commerciale. Alors que beaucoup prédisaient la fin d'un moyen de transport jugé archaïque, le boutre a cependant subsisté aux côtés d'autres types d'embarcations, même si, bien souvent, des moteurs ont été ajoutés à la structure de bois initiale.

Illustrant la vivacité de modes de transport que l'on pensait condamnés à l'obsolescence, les anthropologues Denis Vidal et Dhandapani Balasubramanian décrivent la réémergence de cargos de bois et à voile autour des côtes indiennes au cours du XXe siècle [30]. Ils lient ce phénomène à l'inadéquation des infrastructures indiennes face au développement de navires toujours plus grands, et face à l'imposition de la conteneurisation qui complique le transbordement en l'absence d'investissements. Ils l'expliquent aussi par l'existence de ces navires dans un vide juridique qui permet de mobiliser un équipage moindre et ne possédant pas les accréditations demandées pour des navires marchands habituels. Une telle résurgence des cargos de bois illustre de façon frappante la persistance de technologies « anciennes » à une époque qui ne cesse de clamer l'importance de l'innovation la plus coûteuse et la plus spécialisée.

La persistance des boutres dans l'océan Indien, des cargos à voile autour de la côte indienne indique que, malgré l'hégémonie actuelle du couple formé par la *Big Science* et le *Big Trade*, d'autres logiques d'invention, de transport et d'échange subsistent et ne cessent d'évoluer. L'idéologie technophile, qui a conduit pendant

30. Denis VIDAL et Dhandapani BALASUBRAMANIAN, « Les cargos en bois de l'Inde du Sud », *in* François JARRIGE *et al.*, *Face à la puissance*, La Découverte, Paris, 2020, p. 366-377.

la période coloniale à dévaloriser ces modes de transport, ne les a pas empêchés de perdurer. Et si elle se propose aujourd'hui parfois de les réinvestir (comme en témoignent les projets de propulsion de navires marchands par l'énergie éolienne [31]), elle n'en demeure pas moins toujours porteuse d'un rapport instrumental à l'environnement et à la façon dont s'y exprime la présence humaine. Sur ce plan, la navigation à voile, attentive à l'ordre des moussons, suggère une pratique alternative, solidaire de conceptions et de perceptions plus subtiles et plus exigeantes du monde et de soi. Il se peut même que les boutres correspondent aujourd'hui à une modernité plus en phase avec le devenir du monde que celle des *megaships* et autres *supertankers*. Leur déplacement mobilise un grand ensemble de savoirs et d'expériences, tout en privilégiant un degré élevé de frictions avec le réel, ce qui les distingue de l'ordre des « technologies d'annulation de la distance » – selon les termes de James C. Scott – dont relèvent les moyens de transport valorisés par le monde logistique actuel [32]. Mais de là à penser que de tels navires pourraient « faire chavirer le navire de l'État » – et du technocapitalisme –, comme nous y enjoint la militante écoféministe Ynestra King [33], il y a loin encore. Pour ouvrir cette voie, il faudrait commencer par reconnaître la coexistence et l'imbrication de modernités multiples dans la pratique de construction du mouvement, et reconcevoir les pratiques de déplacement autres à la fois comme des modes de transport et des formes d'existence à part entière face aux méga-navires du technocapitalisme.

In fine, c'est donc bien un travail de reconnaissance des formes alternatives du mouvoir qu'il nous faut entreprendre. De la mouche au boutre, véhicules et façons de voyager offrent autant d'occasions de changer nos manières de penser le mouvement, ses imbrications interspécifiques et les modernités dans lesquelles

31. *Idem.*
32. James C. SCOTT, *Zomia ou l'art de ne pas être gouverné, op. cit.*
33. Ynestra KING, « Si je ne peux pas danser, je ne veux pas prendre part à votre révolution », *in* Émilie HACHE (dir.), *Reclaim. Recueil de textes écoféministes*, Cambourakis, Paris, 2016, p. 126.

il s'ancre et qu'il exprime. Cela ouvre à des conceptions de la modernité qui cessent enfin de répartir *a priori* les pouvoirs entre centres et périphéries, de cantonner les circulations aux sempiternels mêmes circuits, pour réactiver des chemins ancestraux, observer le jaillissement de sources nouvelles et se rendre attentifs aux dynamiques originales par lesquels les mondes, dans leur pluralité, se tissent.

ÉPILOGUE. NOUS SOMMES DES SUBSTANCES ILLICITES

À la fin du dessin animé *Akira* (1988), le corps du personnage Tetsuo devient incontrôlable. À force d'être soumis à des expériences, mais aussi en raison d'une prodigieuse consommation de médicaments et de drogues, la force inconnue hébergée par l'adolescent se déchaîne et absorbe tout ce qui l'environne. Ce déferlement donne lieu à certaines des images les plus marquantes du *cyberpunk*, ce courant de science-fiction emblématique des années 1980 et 1990, rendu célèbre par des films comme *Blade Runner* (1982), *Ghost in the Shell* (1995) ou des romans comme *Neuromancien* (1984). Beaucoup ont souligné à quel point ce courant a été novateur dans la mise en scène des interactions du corps humain avec les technologies. La transformation de l'humain par des moyens techniques (biotechnologies, technologies de l'information et de la communication) en est en effet l'un des thèmes de prédilection. Mais, à revoir *Akira* aujourd'hui, il est clair que ce ne sont pas seulement les interactions du corps avec la « technique » en général qui engendrent des monstres. Le corps de Tetsuo, lorsqu'il perd contrôle, se mêle aussi au bitume des artères de la ville de Neo-Tokyo. La prégnance du motif de la mégapole représentée comme nœud de routes, de câbles et de faisceaux lumineux en offre un bon indice : ce qui joue un rôle capital dans la métamorphose, c'est, en ses éléments les plus matériels, la logistique.

Ce que suggèrent les transformations corporelles et l'hybridation biologique, technique, urbaine, routière que l'on voit ici à l'œuvre, c'est que de nouvelles entités peuvent apparaître et qu'il nous est indispensable de les prendre en considération. Ces sujets émergents et souvent composites, les sciences sociales les ont abordés de diverses manières, à la lisière de la fiction et de l'analyse politique, et le célèbre texte de Donna Haraway sur le cyborg en est un exemple fondateur[1].

De même, le corps de Tetsuo agrège différentes substances : de la matière organique (de la peau, des veines et des alvéoles), de la matière métallique (des boulons) et technologique (les circuits intégrés qui le parcourent), des pièces de transmission (des fils, des câbles et des valves), des pouvoirs (la télékinésie). Mais ces matériaux, une fois ingérés, sont instables : des câbles qui sortent de son bras se mettent à pulser comme s'il s'agissait de veines alimentées de flux sanguins, et des pistes métalliques sont gravées sur sa chair qui prend des aspects de carte électronique. Il a un corps qu'il ne maîtrise pas et qui tend à se fondre dans d'autres matières (la pierre du trône sur lequel il est installé, par exemple). Les fonctions et la forme de ce corps sont de plus en plus incontrôlables, comme ces tissus qui se transforment en membres pour aussitôt reprendre un aspect de métal, ces couleurs qui évoluent en permanence du rose au gris ou encore cette peau qui, après d'incessants changements, finit par acquérir l'aspect d'un fœtus de vieillard titanesque dont les doigts ont eux-mêmes des doigts et dont la parole est transmise à l'intérieur de son corps aux personnages qu'il a avalés et emprisonnés, tels ses amis Kaneda et Kaori. « La seule chose que nous faisons en nous livrant à la destruction n'est que d'opérer une variation dans les formes[2]. » La morale perverse de Sade trouve un écho inattendu dans les mutations de Tetsuo, variations de formes qui ne peuvent se résoudre que par un acte de destruction.

Le corps de Tetsuo est monstrueux, certes, mais il n'est que le reflet des expérimentations auxquelles l'a soumis un pouvoir scientifique et militaire aveuglé par ses illusions. Le personnage est surtout effrayant par la puissance incontrôlée qui s'en dégage. Bien que spectaculairement éruptif, il est en réalité extrêmement

1. Donna Haraway, *Manifeste cyborg et autres essais. Sciences, fictions, féminismes*, Exils, Paris, 2007.
2. Marquis de Sade, *La Philosophie dans le boudoir* [1795], cinquième dialogue, « Français, encore un effort si vous voulez être républicains », La Musardine, Paris, 2018.

fragile, du fait même des transitions qu'il opère involontairement entre différents états de matière. Au-delà de la figure du cyborg (qui déjoue, elle, une série de binarités entre nature et technique), il personnifie l'impermanence de la matière et l'hybridation constante des substances. Cette impermanence, cette hybridation constante forment désormais aussi notre condition, nous qui vivons au royaume des flux. Mais peut-être nous dotent-elles par là même d'une capacité insoupçonnée : celle de prendre en défaut un pouvoir fondé sur la segmentation et la séparation, et qui découvrirait, face à lui, la force d'un collectif mouvant, non pas tant composé d'entités humaines/non humaines que de substances éphémères et fluctuantes – un collectif dont le potentiel de perturbation tiendrait justement à cette impermanence non choisie. Ce nouveau mode d'existence, le nôtre, comme matières fluides, jamais identiques à elles-mêmes et, comme telles, récalcitrantes à leur canalisation, nous donnerait notre cri : « Nous sommes des substances illicites. »

TABLE

MIXTE
Papier issu de sources responsables
FSC® C003309

L'éditeur de cet ouvrage s'engage dans une démarche de certification FSC® qui contribue à la préservation des forêts pour les générations futures.

Composition Facompo, Lisieux (Calvados).
Achevé d'imprimer par CPI Firmin-Didot
en janvier 2022 à Mesnil-sur-l'Estrée (Eure).
Dépôt légal : janvier 2022
Numéro d'imprimeur : 168037

Imprimé en France